Start Guide and Competition Skills of **Table Tennis**

乒乓球

入门与实战技巧

中映良品　编著

成都时代出版社

序言
Preface

在诸多球类运动中，篮球、排球可称得上"巨人运动"，足球适合在 30 岁以前踢，网球对体力要求较高……而乒乓球运动则最为亲民，力量大的选手可以使出全身力气，营造泰山压顶的进攻气势；力量小的选手可以以柔克刚，四两拨千斤，巧妙化解对手的千钧之力。乒乓球运动集力量、速度、柔韧、灵敏和耐力为一体，老少皆宜，深受人们喜爱。乒乓球也是中国人最自豪、最自信，夺金最多的体育项目；被誉为"中国的国球"。

乒乓球运动是一项具有全方位健身效果的运动。经常打乒乓球能使人体的循环系统得到改善，心肌变得发达有力，每搏输出量增多，血管壁弹性增加，这些变化对人体健康十分有益，可降低心血管疾病的发病率。同时，还能使呼吸肌得到锻炼，有效增加肺活量，改善呼吸系统功能。长期进行乒乓球运动不仅可使四肢和腰背肌肉发达健壮，关节更加灵活、稳固，还可以提高人体的力量、速度和身体的灵活性、协调性，使人充满活力。

打乒乓球也是一项良好的大脑运动。选手进行运动时，大脑需在短时间内对来自眼睛、耳朵的信息进行思考与综合分析，充分调动视觉、听觉等感觉器官和中枢神经，及全身肌肉快速反应，选择最佳击球点，进行恰如其分的回击。长期进行乒乓球运动，可以大大提高神经系统的反应速度和综合协调能力。

打乒乓球还是一项愉悦身心的减压运动。通过参加乒乓球运动，与球友相互交流经验，切磋球技，达到相互学习、共同提高的目的，并可以扩大社交圈，建立良好的人际关系，使人们在生理和心理方面都得到良好发展。此外，在全面提高身体素质的同时，乒乓球运动还可以培养人勇敢顽强、机智果断、拼搏向上的精神。

本书对乒乓球运动进行全面和详细的介绍，揭秘快速提升乒乓球技术水平的奥秘，内容通俗易懂，不仅适合当作以休闲娱乐为目的的乒乓球爱好者的入门读物，还可以作为乒乓球训练的教材和指南。

祝愿所有的乒乓球爱好者都能享受健康，享受乒乓之乐。

目录
Contents

第一章　小球转动大世界
The World rolled by a Little White Ball

第二章　乒乓球运动基础知识
Basic Knowledge of Ping-Pong

第三章　稳扎稳打学基础
Basic Skills of Ping-Pong

第四章　乒乓球技术入门
Introductory Course

第五章　乒乓球制胜战术
Winning Strategies in Ping-Pong Matches

第六章　乒乓球双打技术
Skills of Doubles

第七章　乒乓球日常技术练习
Daily Practice of Ping-Pong

附录
Appendix

小球转动大世界

The World rolled by a Little White Ball

乒乓球运动起源于 19 世纪后期的英国，是世界上参与人数最多的三大体育项目之一。乒乓球被誉为"中国的国球"，是中国人最自豪、最自信，夺金最多的体育项目。随着乒乓球运动的不断发展，它在政治、经济、文化、外交等方面的影响不断扩大，形成了一种独特的文化现象。

乒乓球运动起源于 19 世纪后期的英国，由网球运动派生而来。19 世纪末的一天，两个青年网球迷在看过温布尔顿网球赛后，去一家餐厅吃饭。因为天气闷热，在等待用餐时，他们用雪茄烟的木盒盖当扇子，边扇风边讨论网球战术。谈得起兴时，他们用香槟酒的软木瓶塞当球，以餐桌为场地，在中间拉一条细绳为网，烟盒盖当作球拍，模仿网球打起来。餐厅服务员在一旁为他们喝彩，餐厅女主人也被吸引过来，而且惊呼"Table Tennis（桌上网球）"。后来，"Table Tennis"就成为乒乓球的英文名称。

早期乒乓球的球拍拍柄较长，拍的中间是空的，两面分别用羊皮纸贴住。用这种球拍在桌上击打球时会发出"乒乒乓乓"的声音，"乒乓球"由此得名。这个名字从欧洲传到美国，之后流传到亚洲。

20 世纪 20 年代以前，乒乓球运动一直停留在游戏阶段，直到 20 世纪 20 年代才开始举行邀请赛。1926 年 12 月，国际乒乓球联合会（International Table Tennis Federation，缩写为 ITTF，简称"国际乒联"）在德国正式成立，2000 年迁至瑞士洛桑。

1926 年 12 月 6 日—11 日，第一届世界乒乓球锦标赛在伦敦举行。它的举办标志着乒乓球作为娱乐游戏的历史结束了，乒乓球运动发展成为一项体育运动项目。此次比赛共设男子团体、男子单打、女子单打、男子双打和男女混合双打五个项目。

1981 年，乒乓球得到国际奥委会承认，跻身奥运项目。1988 年汉城奥运会上，乒乓球比赛首次正式出现。目前，奥运会乒乓球比赛设男子单打、女子单打、男子团体和女子团体四个项目。比赛采用单打 7 局 4 胜制和团体赛 5 局 3 胜制，每局 11 分单败淘汰制。

乒乓球运动发展至今，经历了五个阶段：

20 世纪 20 年代到 40 年代，乒乓球运动普遍使用胶皮颗粒拍，以横拍削球打法为主。此时，欧洲国家雄霸乒乓球坛。在此期间举行的 18 届世乒赛中，欧洲运动员夺得了 117 个冠军中的 109 个。

20 世纪 50 年代，日本选手使用海绵球拍，创造了直拍握法和反手发球，并占据了乒坛霸主地位。

20 世纪六七十年代，中国选手形成了"快、准、狠、变、转"的技术风格，以及独特的近台快攻打法，打开了中国通向世界乒坛顶峰的大门。日本运动员开始使用弧圈球技术。欧洲选手创造了以弧圈球为主结合快攻的打法。这一时期，乒乓球运动蓬勃发展，形成了欧亚对抗的格局。

20 世纪 80 年代，中国的近台快攻打法进一步发展，在世界大赛中勇夺多项桂冠。

到了 20 世纪 90 年代，出现了欧洲的瑞典、比利时、德国、俄罗斯和亚洲的日本、韩国、朝鲜等乒乓球诸强，快速、凶狠加弧圈球技术日趋完善，加之中国的一些优秀乒乓球选手在国外形成"海外兵团"，这些都使得乒乓球比赛更加激烈。

乒乓球是世界上参与人数最多的体育项目之一。近年来，国际乒联对乒乓球比赛的规则做了很大修改。"小球改大球""21 分制改 11 分制""无遮挡发球"等一系列改革进一步为乒乓球速度和力量的完美融合打开了通道。为了避免出现一个国家或地区垄断奥运会冠、亚军，国际乒联规定在奥运会双打比赛中，来自同一协会的两对选手必须分在同一半区。这样，出现在双打决赛赛场上的将是来自不同国家和地区的两对选手，比赛也将更具悬念。

◇ **1950 年的饮料广告中出现了乒乓球运动**

◇**最早的乒乓球竞赛规则**

乒乓球被世界公认为是"中国的国球"。该项运动于 20 世纪初传入中国。1904 年，上海四马路一家文具店的老板王道平从日本购进十套乒乓球器材（球台、球网、球和带洞眼的球拍）摆设在店中，并亲自表演打乒乓球，介绍在日本看到的乒乓球运动情况。从此，中国有了乒乓球运动。

乒乓球运动传入中国初期，仅在上海、广州、北京、天津等少数大城市开展。

1952 年，在北京大学举行了第一次全国乒乓球比赛。同年，中华全国体育总会乒乓球部（后改称为"中国乒乓球协会"）加入国际乒联。

1959 年 4 月 5 日，在第 25 届世界乒乓球锦标赛中，第一次参加世乒赛的年轻选手容国团在单打赛中连闯八关，成为中国第一个男子单打世界冠军。

1961 年 4 月，中国乒乓球协会在北京首次承办了世界锦标赛——第 26 届世界乒乓球锦标赛。中国选手庄则栋和邱钟惠分别摘得男子单打世界冠军和女子单打世界冠军。

1971 年 4 月 10 日，美国乒乓球代表团和一小批美国新闻记者抵达北京，成为中华人民共和国成立以来第一批获准进入中国大陆（内地）的美国人。中美两国的乒乓球友谊赛在北京开赛，其政治影响在太平洋两岸散播开来，为中美人民的交往和中美两国的外交突破敲开了大门，成就了中美外交"小球推动大球"的一段佳话。

1988 年第 24 届汉城奥运会上，中国取得女子单打和男子双打冠军，与取得男子单打和女子双打冠军的韩国平分秋色。1992 年第 25 届巴塞罗那奥运会和 2004 年第 28 届雅典奥运会，中国取得男子双打、女子单打、女子双打三项冠军。1996 年第 26 届亚特兰大奥运会、2000 年第 27 届悉尼奥运会、2008 年第 29 届北京奥运会、2012 年第 30 届伦敦奥运会、2016 年第 31 届里约奥运会，中国更是包揽全部四块金牌。

截至第 55 届世乒赛结束，中国队在世乒赛上，共获男子团体冠军 21 个、男子单打冠军 20 个、男子双打冠军 19 个、女子团体冠军 21 个、女子单打冠军 23 个、女子双打冠军 22.5 个（其中 0.5 个是和朝鲜选手合作）、混合双打冠军 19 个。其中，第 36、第 43、第 46、第 48、

◇ **2016 年里约奥运会男团夺冠**

第 49、第 51、第 55 届 7 次包揽全部七项冠军。

中国乒乓球队创造了世界体坛罕见的长盛不衰的历史，世界乒坛各国选手都以战胜中国队为最终目标。实力强大的中国乒乓球队高手如云，包括邓亚萍、乔红、刘国梁、孔令辉、王励勤、马琳、王浩、王楠、张怡宁、李晓霞、张继科、丁宁、马龙等，形成了举世瞩目的世界名将阵容。其中，身高仅 1.55 米的邓亚萍被誉为"乒乓球女皇""有史以来最出色的女子乒乓球选手"。一般来说，能获得世乒赛、世界杯和奥运会三项赛事单打冠军的乒乓球运动员就能称之为"大满贯"。按照这一标准，世界乒坛迄今共产生了十位大满贯得主，其中九名是中国选手，他们是邓亚萍、刘国梁、王楠、孔令辉、张怡宁、张继科、马龙、李晓霞、丁宁，剩余一位是瑞典"常青树"瓦尔德内尔。

时至今日，中国仍是当之无愧的乒坛超级大国，中国乒乓球队更被赞誉为"拥有世界顶级水平的王者之师"。

The world rolled by a little white ball

△ 世界乒乓球锦标赛

　　世界乒乓球锦标赛，简称"世乒赛"。1928 年至 1939 年、1947 年至 1957 年，世乒赛每年举行一届，二战期间曾停赛 7 年，二战后，于 1947 年在法国巴黎举行第 14 届。1959 年的第 25 届开始改为每两年举行一届。从 2003 年 5 月巴黎世乒赛起，五个单项赛和团体赛分别在两个年度举行，一年举行单项赛，次年举行团体赛。大赛共设七个正式比赛项目：男子团体、女子团体、男子单打、女子单打、男子双打、女子双打、混合双打。每一项目都设有专门奖杯。

男子团体——斯韦思林杯（Swaythling Cup）

　　由国际乒联首任主席伊沃·蒙塔古先生的母亲斯韦思林女士捐赠，故称"斯韦思林杯"。目前，获得该奖杯次数最多的是中国队，其次是匈牙利队，日本队位列第三。

斯韦思林杯

女子团体——考比伦杯（M. Corbillon Cup）

　　由法国乒协原主席马赛尔·考比伦先生捐赠，故以他的名字命名。自该奖设立以来，获奖次数位列前 3 名的是中国队、日本队和罗马尼亚队。

考比伦杯

男子单打——圣·勃莱德杯（St. Bride Cup）

　　由英格兰乒协原主席伍德科先生捐赠，以伦敦圣·勃莱德乒乓球俱乐部的名字命名。目前，获得该奖杯次数位列前 3 名的运动员是：匈牙利的巴纳，英国的伯格曼，中国的庄则栋、王励勤和马龙并列第三。

圣·勃莱德杯

吉·盖斯特杯

女子单打——吉·盖斯特杯（G. Geist Prize）

由匈牙利原乒协主席吉·盖斯特先生于1931年捐赠，故以他的名字命名。目前，获得该奖杯次数最多的是罗马尼亚的罗齐亚努，其次是匈牙利的M. 梅德扬兹基，第三名共有四位选手并列，她们是匈牙利的G. 法卡斯，中国的邓亚萍、王楠和丁宁。

伊朗杯

男子双打——伊朗杯（Iran Cup）

由前伊朗国王捐赠，故以伊朗的国名命名。目前，获得该奖杯次数前3名的是中国队、匈牙利队、捷克斯洛伐克队。

女子双打——波普杯（Pope Trophy）

由国际乒联前名誉秘书波普先生捐赠，故以他的名字命名。目前，获得该奖杯次数列前3名的是中国队、匈牙利队、罗马尼亚队。

波普杯

混合双打——兹·赫杜塞克杯（Heydusek Prize）

由捷克斯洛伐克乒协前秘书兹·赫杜塞克先生捐赠，故以他的名字命名。匈牙利队和中国队是该奖杯的热门夺冠队，曾多次捧得该奖杯。

兹·赫杜塞克杯

△ 世界杯乒乓球比赛

世界杯乒乓球比赛由国际乒乓球联合会主办，从 1980 年起每年举行一届，又称"埃文斯杯赛"，与奥运会、世界乒乓球锦标赛同为世界乒乓球三大赛事之一。刚成立时，比赛仅设男子单打一个项目。1996 年，第一届女子乒乓球世界杯在中国香港举行，除 1999 年因赞助商原因停办外，该项顶级赛事保持一年一度的举办传统。

目前，该赛事设有男子单打、女子单打、男子团体和女子团体四个项目。参赛选手分别是上届冠军、各大洲冠军和世界排名靠前的乒坛高手。

2019 年乒乓球团体世界杯男团、女团决赛，中国队再次分别夺冠，实现男团八连冠，女团九连冠。

△ 奥运会乒乓球比赛

由国际乒联申请，1981 年在巴登召开的第 84 届国际奥委会全体委员会上决定，将乒乓球列入 1988 年汉城奥运会正式比赛项目。设男子单打、女子单打、男子双打、女子双打四个项目。它是先通过预选赛产生 64 名男选手和 32 名女选手，然后正式参加四个项目的比赛。后来，国际乒联出于增加比赛精彩程度的考虑，在雅典奥运会期间，与国际奥委会及相关各方商议后，宣布在不增加参赛总人数的情况下，在 2008 年北京奥运会上以团体比赛取代双打比赛。至今，奥运会共设男子单打、女子单打、男子团体、女子团体四个项目。

△ 国际乒联职业巡回赛

国际乒联职业巡回赛始于 1996 年，每年一届，是国际乒坛的一项传统赛事。在年度国际乒联巡回赛中，积分排男子前 16 位、女子前 12 位的单打选手和排前 8 位的双打选手，有资格参加年度总决赛。该赛事设有男单、女单、男双、女双四个比赛项目。

第二章

乒乓球运动基础知识

Basic Knowledge of Ping-Pong

任何体育项目的开展都离不开一定的场地和器材。乒乓球运动有特定的场地、器材条件和规则要求。正是这些独特的要素，决定了乒乓球运动的独特魅力。

△ 球场

　　乒乓球场地由 0.75 米高的同一深色挡板围起，并与相邻的赛区及观众隔开。地面为木制或经国际乒联批准的品牌和种类的可移动的塑胶地板，地板长大于 14 米，宽大于 7 米，比赛场地没有其他体育项目的标线和标识。地板的颜色不能太浅或反光强烈，可为红色或深红色；不能过量使用油或蜡，以避免打滑。

　　场地内设有球台、球网、球、挡板、裁判桌、裁判椅、计分器、电子记分牌等，电子记分牌应至少使用两台，安放在乒乓球比赛场地两端，牌上标有运动员的姓名、所属国家或地区、时间、各局比分等。

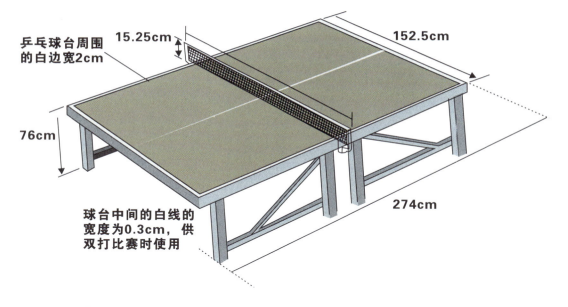

乒乓球台周围的白边宽2cm

15.25cm

152.5cm

76cm

球台中间的白线的宽度为0.3cm，供双打比赛时使用

274cm

△ 球台

　　乒乓球球台为长 2.74 米、宽 1.525 米的长方形，离地面高 0.76 米，球台颜色为深色且无光泽。球台的上层表面叫作"比赛台面"，应与水平面平行。球台台面一般用木材制成，也可以用其他材料制成，不论何种材料，其弹性标准为标准球从离台面 0.3 米的高处落至台面，弹起高度约为 0.23 米。

　　双打时，各台区由一条 3 毫米宽的白色中线划分为两个相等的"半区"。中线与边线平行，并视为右半区的一部分。

△ 球拍的种类

正胶海绵拍

正胶海绵拍在木板与胶皮之间夹有一层海绵，海绵连同胶皮总厚度不得超过4毫米。刘国梁用的就是正胶海绵拍。

★性能：弹性好，回球速度快，能制造一定的旋转，但不能制造很强烈的旋转。

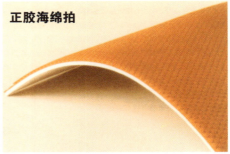
正胶海绵拍

生胶海绵拍

生胶海绵拍是正贴胶皮海绵拍的一种，但胶皮颗粒较大，胶粒和胶皮较硬。

★性能：反弹力强，回球速度快。生胶拍面对球的摩擦力较小，与正胶海绵拍比较，球在拍面上停留的时间短，击球部位旋转较弱，击出的球略下沉。但制造旋转的能力较差，击球时更多依靠运动员本身的发力。

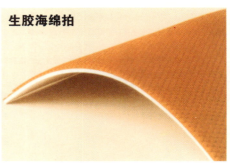
生胶海绵拍

长胶海绵拍

长胶海绵拍也是正贴胶皮海绵拍的一种，其胶粒高度高于正胶、生胶海绵拍。

★性能：胶皮较软，对球的摩擦极小，故不会受来球旋转的影响。打球时，与普通球拍的性能相反，搓削下旋球时，回过来的球变成不转球；挡或攻上旋球时，球变成下旋球。长胶本身不制造较强的旋转效果，主要是依靠来球的不同旋转方向而产生相反的旋转效果。

长胶海绵拍

反胶海绵拍

反胶海绵拍是将胶皮上有胶粒的一面反贴在海绵上，平的一面向外。大多数运动员使用此种球拍。

★性能：胶皮表面平整，有较大的黏性，对球的摩擦系数很大，如果附在硬型海绵上能击出强烈的旋转球。但由于胶粒向内，同海绵之间留有一定的空隙，反弹力稍差，回球速度较慢。

反胶海绵拍

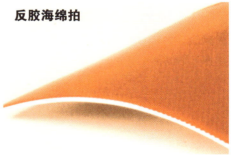

△ 球拍的选择

球拍因种类、性能不同而各有其优缺点。练习者可以根据自己的打法特点来选择合适的球拍，以便发挥自己的技术长处。球拍选择可从以下三方面入手。

如何挑选底板

由于乒乓球拍底板的生产在标准化控制上存在一定的技术难度，同样型号的底板在实际使用中可能存在差异。因此，对一般乒乓球练习者而言，到体育用品商店购买底板时，需要注意以下几点：

★选择所要的基本技术打法的标准型号。

★底板的外观要平整，手摸上去要平滑。

★用手指进行敲击，通过听底板的声音来区别同一型号的若干块底板中，哪一块更适合自己。

一般而言，声音较脆、音源较集中的底板，弹性较大，击球速度快，但稳定性较差；声音较闷、音源较发散的底板，弹性较小，击球速度慢，但稳定性较好；还有就是上述两种情况兼而有之的底板。技术打法不同，选择也就不同。

★击球时不感到底板震手，击球有后劲。

★底板有较好的控球性能。

为达到上述要求，底板的厚度一般以 6.5 毫米左右为宜，如果球拍底板加有碳纤维等质量轻、硬度高且弹力强的材料，底板厚度应薄于 6.5 毫米。一般情况下，使用过于薄的底板击球时会感到震手；但球拍底板过厚，则会增加重量，使用起来比较吃力。总之，底板要选既不太硬也不太软的那种。击球时感到底板吃球，而且发力也较为充足，才是好的底板。进攻型运动员一般选用木质稍硬、弹性略好的底板；削球型运动员一般选用木质稍软一些、弹性较弱的底板。

如何挑选胶皮

胶皮的选用和个人的技术打法是相关的。弧圈球技术打法的，应选择反胶胶皮；而以近台快速攻球为主攻手段的，则应选择正胶胶皮或生胶胶皮；削球技术打法的，除了可以选择反胶胶皮或正胶胶皮外，还可以在球拍的另一面选用长胶胶皮，使球拍具有两种不同性能，有利于在比赛中给对方制造更多的困难。最常见的胶皮配置为：正手用反胶胶皮，反手用正胶胶皮、生胶胶皮或长胶胶皮。

如何挑选海绵

根据不同技术打法类型的需要，海绵的厚薄、软硬、弹力大小和不同胶皮的匹配是不同的。正确选择海绵与胶皮的匹配，有助于提高乒乓球技术水平。具体选择可以参考下表：

海绵厚度（mm）	软硬程度	弹力	速度	与胶皮的匹配	技术效果
2 ~ 2.5	硬型	大	快	多与反胶胶皮匹配	满足弧圈球技术对旋转和速度的要求
	次硬型	中	快	多与正胶胶皮匹配	满足近台快攻技术对快速和稳定的要求
	软型	小	慢	与正、反胶胶皮匹配	适宜初学者在掌握基本技术时使用
1.5		小	一般	与生胶胶皮匹配	有利于发挥生胶主动用力的技术特点
1.8		小	一般	与反胶胶皮匹配	有利于控制来球，适用于削球技术
0.8 ~ 1		小	一般	与长胶胶皮匹配	可以充分发挥长胶胶皮自身的特点

选择乒乓球时，需要从四个方面进行挑选：

★外观：好球的表面纯度高，均匀性好，腰部接缝整齐，厚度均匀。

★弹跳高度：将球从距台面 30 厘米高处掷到标准的乒乓球台上，反弹高度在 24 厘米到 26 厘米之间。如球弹跳得忽高忽低，则说明球的弹性不均匀。

★圆度：将乒乓球放在光滑平整的台面上旋转，观察有无剧烈震荡，有则说明该球的圆度不好，稳定性差，击球落点不易控制。还可以把球的商标朝上，放置在光滑平整的台面上，用手指搓动球的两侧，使球转动，通过观察球的商标来判断球的转动是否稳定，以判定球是否圆。

★硬度：用拇指与食指捏住球的两端，均匀用力，感受球面软硬度是否一致。若反弹程度相同，则说明球的质量较好，使用性能佳。

　　绝大部分品牌的乒乓球都分为一星、二星和三星，其中三星球质量最高、弹性最好。对于初学者来说，选择一星或二星就可以，这样的球成本相对较低，弹性相对较弱，更易于控制，有利于练就技术。

乒乓球运动的着装
The Outfits of Ping-Pong

△ 服装

在正式的乒乓球比赛中，要求选手着运动短衣和短裤。一般来说，要选择材质较轻，具伸缩性、吸汗性、散热性及蒸发性佳，没有累赘装饰的服装。上衣肩膀周围要宽松，胸前不能太宽松，袖子不能太长。短裤腰围适中，裤管不能太长，裤管、臀部周围最好不要太紧。尤其是女性，更要选择裤管松紧适中的裤子，穿起来才舒服。

在一般的乒乓球练习中，根据气候情况，穿比较宽松、合身的运动长套服或短套服即可。

△ 球鞋与球袜

乒乓球运动专用鞋的特点是比较轻，防滑性能较好。选择乒乓球鞋时，一定要试穿一下，感觉上略宽松为好。球袜建议选择棉质袜，因为它与鞋的结合性比较强，脚感好。最好是厚底绒毛状的，具有保暖和缓冲效果，袜口的松紧带不要太紧。

Table Tennis

Basic knowledge of ping-pong

25

乒乓球技术五要素
Five Elements of Playing Ping-Pong

乒乓球的技术包含弧线、力量、速度、旋转和落点五个要素。

△弧线

弧指的是乒乓球在空中飞行的轨迹。由于球网关系，乒乓球运行必须以一定的弧线形式表现出来。当来球反弹后比球网低时，球拍的用力方向应向前偏上方发力，以使球的飞行弧度适当增高，避免下网；当来球反弹后比球网高时，球拍的用力方向应向前偏下方发力，使球的飞行弧度适当减小，避免出界。

△力量

球场上，不同的前进速度和旋转强度，都可以通过击球的力量得到实现。在进攻中猛力扣杀，可以使对手接不到球或者回球质量不高；用力摩擦球，则可以制造不同程度的旋转球。

△速度

球场上的战机稍纵即逝，优秀的选手往往拥有猎豹般的速度，能够在最短的时间内快速地把球回击到对方的台面上，使对方措手不及。

△旋转

利用各种旋转球，为自己制造有利局面，使对方难以还击，迫使对方回球失误后出"机会球"，这就是旋转的魅力。

△落点

要想让小而轻的乒乓球更具威力，必须讲究战略，打出不同的落点，调动对方前后、左右移动或奔跑，为自己创造机会。

常见的乒乓球打法类型
Common Tactics of Ping-Pong

区分打法类型的主要依据是技术特点、战术方法和从属两者的工具性能。综观各种技术、战术及其运用特点，一般将乒乓球的打法分为四大类型。

△ 快攻类

该类型包括两种打法，一是左推右攻，二是两面攻。两者共同的特点是近台站位，以速度为主，攻在前面，先发制人。这类打法的技术风格可以概括为快速、准确、凶狠、多变。它在中国有着良好的传统，李富荣、徐寅生、邱钟惠（女）、孙梅英（女）、李振恃、张德英（女）、江嘉良、杨影（女）等选手为这类打法的代表。

△ 快攻结合弧圈类

特点是中近台站位，以速度为主，结合旋转。快攻是得分的主要手段；弧圈球是进攻的重要技术，并为进攻开路，被动时以它相持、过渡，伺机反攻。中国的郗恩庭、孔令辉、王涛，瑞典的瓦尔德内尔等选手为这类打法的代表。

△ 弧圈球结合快攻类

特点是中近台至中台站位，以拉弧圈球为得分的主要手段，常以前冲弧圈球代替扣杀，拉出的弧圈球既有较快的速度，又有较强的旋转力，也具有一定的快攻技术。直拍弧圈球结合快攻主要以正手拉球为主，反手多运用快攻，如推挡、反手攻等。中国的郭跃华、刁文元，日本的伊藤繁雄等选手为这类打法的代表。

反手位可以用不同拍面攻球，在正反两面胶皮有区别的前提下，交换使用具有一定的隐蔽性和突然性，从而提高击球效果。中国的刘国梁、马琳、阎森为这类打法的代表。

△ 削球类

削球早期是欧洲的传统打法，其特点是中远台站位，以削球的旋转变化及伺机反攻为其得分的主要手段。削得低，旋转变化大，落点控制好，两面攻得准与狠是这类打法的关键技术。中国的张燮林、葛新爱、丁松，韩国的朱世赫等选手为这种打法的代表。

△ 竞赛规则

专业术语

★回合：球处于比赛状态的一段时间。

★球处比赛状态：发球员有意识发球前，把球自然地静止放在不执拍手掌中的最后瞬间为球处比赛状态的开始，该回合被判得分或重发球为球处比赛状态的结束。

★重发球：不予判分的回合。

★一分：判分的回合。

★执拍手：正握着球拍的手。

★不执拍手：未握着球拍的手。

★击球：用握在手中的球拍或者执拍手的手腕以下部位接触乒乓球。

★阻挡：对方击球后，在比赛台面上方或向比赛台面方向运动的球，尚未触及本方台区，也未越过端线，就触及本方运动员或其穿戴的任何物品。

★发球员：在一个回合中，首先击球的运动员。

★接发球员：在一个回合中，第二个击球的运动员。

★裁判员：在一场比赛中，根据竞赛规则，对运动员竞赛的成绩和竞赛中发生的问题进行评判的人。

★副裁判员：被指定在某些方面协助裁判员工作的人。

★穿或戴：在一个回合开始时，运动员穿或戴的任何物品。

★越过或绕过球网装置：如果球既不是从球网和比赛台面之间通过，也不是从球网和网架之间通过，就视为"越过或绕过球网装置"。

★端线：包括球台端线以及端线两端的无限延长线。

合法发球

★发球时，把球静止地放在不执拍手的手掌上，手掌张开伸平，位置应在发球方的端线之后、比赛台面的水平面之上。

★发球员用手把球垂直地向上抛起，不得使球旋转。离开手掌之后，球必须上升不小于16厘米的高度，且被击出前不能碰到任何物体。

★抛起的球从最高点下降时，发球员方能击球。击出的球应先触及本方台区，再越过或绕过球网装置，最后触及接发球员的台区。在双打中，球应先触及发球员的右半区，后触及接发球员的右半区。

★从发球起到击球前，球和球拍应保持在比赛台面的水平面之上。

★击球时，球应在发球方的端线之后，但不能超过发球员身体（手臂、头或腿除外）离端线最远的部分。

★运动员发球时，应让裁判员或副裁判员看清他是否按照合法发球的规定发球。

●如果裁判员怀疑发球动作的正确性，且与副裁判员都不能确信发球动作是否合法，如果此现象是第一次出现，裁判员可给予发球员警告而不予判分。

●在同一场比赛中，如果发球员或其双打同伴发球动作的正确性再次受到怀疑时，不管出于何种原因，均判接发球方得 1 分。

●任何时候，只要发球员明显没有按照合法发球的规定发球，他将被判失 1 分，无须警告。

★如果运动员发生因身体伤病，无法严格遵守合法发球的某些规定的特殊情况时，可在赛前向裁判员说明，由裁判员做出免予执行的决定。

合法还击

在对方发球或还击后，本方运动员应给予击球，使球直接越过或绕过球网装置后，或触及球网装置后，再触及对方台区。

比赛次序

★在单打中，先由发球员合法发球，再由接发球员合法还击，然后两者交替合法还击。

★在双打中，首先由发球员合法发球，再由接发球员合法还击，然后由发球员的同伴合法还击，再由接发球员的同伴合法还击。而后，双方按此顺序轮流合法还击。

重发球

回合出现下列情况应判重发球：

★发球员发出的球，在越过或绕过球网装置时，触及球网装置，此后成为合法发球或被接发球员或其同伴阻挡。

★当球发出时，接发球员或接发球方尚未准备好，并且没有击球的企图。

★由于无法控制的干扰因素，导致运动员未能合法发球、合法还击或遵守规则。

△ 比赛中的重要规则

计分方法

★ 根据约定不同，有三局两胜、五局三胜、七局四胜。

★ 在一局比赛中，首先拿到 11 分，并且领先对手 2 分的选手即为获胜方。

★ 成功地结束一次球的回合的选手，可以得 1 分。

★ 报分时，裁判员应先宣布发球方的得分。

重要规则

★ 当对手出现以下情况时，运动员可得 1 分：

● 未能合法发球。

● 非持拍手触及比赛台面。

● 球在对手的半台上反弹超过两次。

● 不能将球回击。

● 在击球时移动球台、触网或者触及网柱。

● 击球落点不在对方半台上。

● 先后多次击球。

● 当球还没有接触对手的半台时就使球停止。

● 击出的球在飞行过程中触及别的物体（如比赛场地顶棚、照明灯等）。

★ 需要重赛的情况：

● 由于非自身原因的突发事件，运动员在比赛中受到妨碍或者干扰。

● 发生球被打破、忘记换边、发球顺序错误的情况，或裁判员要求中断比赛。

★ 发球

  比赛前，抽签决定发球权。抽签时，裁判员使用一个硬币，或者持球并将球藏在球台下面的方法。

  抽签获胜者有三种选择：

● 选择先发球。

● 选择先接发球。

● 选择在哪一侧场地比赛。

  通常情况下，获胜者都会选择发球。

★ 需重新发球的情况：

● 裁判员判定接发球运动员尚未做好比赛准备。

● 发出的球在对方半台反弹之前，球触网或者触及网柱（擦网球）。

● 发出的球在触球后被对手在球台上面接住。

双打比赛

之前介绍的比赛规则同样适用于双打比赛。进行双打比赛时，还必须注意以下规定：

★发球：双打时，台面沿中线平分成左右两半。运动员需从自己半台的右侧沿着斜线朝对方半台的右侧发球，并使得发出的球不触及中线。

★发球和接发球顺序：在第一局比赛时，先由具有发球权的运动员决定由谁首先发球，再由对方选手决定谁首先接发球。在接下来的每局比赛中，接发球运动员的顺序总是和前一局比赛相反。在一场比赛的决胜局，接发球一方的两名运动员在换边时改变他们接发球的顺序。每得5分之后再次换边。

★击球顺序：双打的两名运动员必须轮流每人击球1次。

特殊情况说明

比赛中，除了争取拿分，还应避免失误球。

★擦边球：打出擦边球时，由于球台的上缘属于台面，所以可以得分。如果球触及球台平面的外侧，就会被判为"失误"。打擦边球时一定要判断准确。

★球网：如果击出的球是从球网旁边侧面或者经过网柱下方落在对方的半台，那么此球可以得分，不算失误。如果击出的球是从网下钻过落在对方的半台，则丢一分。

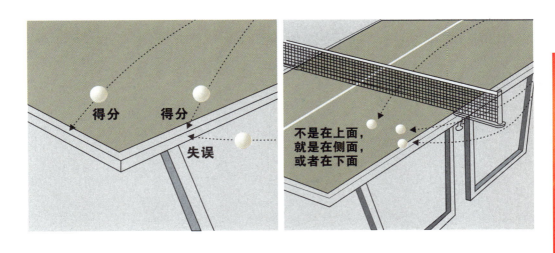

△ 赛制

单打赛制

★ 单循环赛制

单循环赛制要求每两个运动员之间都要进行一场比赛，这种赛制适用于运动员排名调查，也适合俱乐部内部的乒乓球比赛。由于比赛时间的限制，这种赛制适合参赛人数较少的情况。比赛的总场次计算方法如下：

Z=（n−1）n/2

Z= 比赛场次总数　　n= 参赛人数

★ 单败淘汰赛制

单败淘汰赛制是谁输了比赛，谁就被淘汰，只有获胜者可以继续参加下一轮的比赛。这种赛制适合参赛人数较多的情况。

比赛中，设置种子选手的方法可以让最强的运动员不马上进行交手。一场有 16 名运动员参加的比赛，可以设置 4 名种子选手，将他们的序号设定为 1、8、9、16。如果参加比赛的人数多于 16 名，可以组织资格赛或者预赛进行淘汰；如果参加比赛的人数少于 16 名，种子选手将会出现轮空的情况。

★ 有安慰赛的单败淘汰赛制

该赛制的规则与单败淘汰赛制基本相同，不同的是所有在第一轮比赛失利的运动员可以按照单败淘汰赛制进行安慰赛。这样，每名参赛运动员至少可以参加两场比赛。

★ 有安慰赛和超级安慰赛的单败淘汰赛制

该赛制的规则与有安慰赛的单败淘汰赛制相似，不同的是除了安慰赛，所有主赛第二轮被淘汰的运动员可以按照单败淘汰赛制进行超级安慰赛。

★ 双败淘汰赛制

该赛制的原理是一名运动员要输两场比赛后才会被淘汰。如果一名输掉第一场比赛的运动员，只要他能成为负方轮次的冠军，然后在决赛中战胜胜方轮次的冠军，就可以成为整场比赛的冠军。

团体赛制

★ 两人一队赛制

每队由 2 名运动员组成。比赛由 4 场单打和 1 场双打比赛组成：每位运动员可依次与对方运动员交手，完成 4 场单打比赛；在第 2 场单打比赛后进行一场双打比赛。同一支队伍获胜 3 场就中止比赛。考比伦杯采用的是两人一队赛制。

比赛顺序如下：

1. A—X 2. B—Y 3.AB—XY
4. A—Y 5. B—X

★三人一队赛制

每队由3名运动员组成。比赛进行单循环单打比赛，共9场比赛。同一支队伍取胜5场比赛就中止比赛。斯韦思林杯采用的是三人一队赛制。

比赛顺序如下：

1. A—X 2. B—Y 3. C—Z
4. B—X 5. A—Z 6. C—Y
7. B—Z 8. C—X 9. A—Y

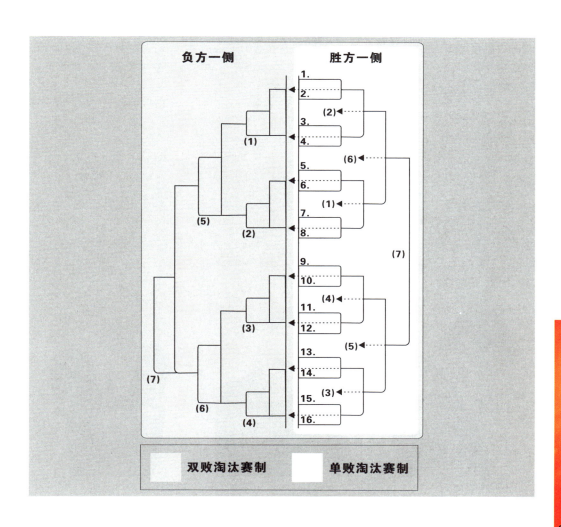

△ 慢跑与步伐移动

在乒乓球训练前，通过慢跑和步伐移动，来预热身体。

★一般在训练场地围球台进行慢跑，4～5分钟。

★滑步和交叉步移动，约3分钟。

△ 伸展运动

伸展运动的目的是使训练或比赛中所有要使用的肌肉在赛前得到伸展，这对防止肌肉和关节受伤，以及更好地在训练和比赛中发挥技术水平有着重要的意义。具体可分为上肢伸展运动、下肢伸展运动和腰部伸展运动。

上肢伸展运动

★**颈部前后伸展**：头慢慢向前倾，充分伸展颈后部肌肉，还原到原位，然后头再后仰，伸展颈前肌肉。（图1）

★**颈部左右伸展**：头慢慢向右倾，充分伸展颈左侧肌肉，还原到原位，然后头再向左倾，伸展颈右侧肌肉。（图2）

★**肘部伸展**：右手屈肘伸在头后，左手握住右手肘部，向侧下牵引，伸展到最大限度上，稍停一会，再换另一只手臂。（图3）

① ② ③

★**臂部伸展：**右手臂横在胸前，伸直，左手臂从外向内压右手臂。两臂交替做此动作。（图4）

★**手指伸展：**左手向前平举，手心向下，与肩同高；右手将左手手指向内侧拉。两手交替做此动作。（图5）

④　　　　　　　　⑤

下肢伸展运动

★**正压腿：**将右腿放在与髋同高的物体上，左腿直立；面向正前方，两手按住右腿膝关节，上体微微向前做振压动作。两腿交替做此动作。（图1）

★**侧压腿：**将右腿放在与髋同高的物体上，左腿直立；身体侧向右腿做振压动作。两腿交替做此动作。（图2）

①　　　　　　　　②

★**脚踝伸展：**右脚向前迈出一大步，两手压在右腿膝关节上，左腿伸直，后足跟不要离地，上体向前压。两腿交替做此动作。（图3）

★**脚踝转动：**双脚稍分开站立，稍抬右脚向外侧翻，并轻轻按压。两脚交替做此动作。（图4）

★**后手扣拉脚：**两腿平行站立，左脚支撑，右小腿后屈，右手扣拉右脚，使其碰到臀部。两腿交替做此动作。（图5）

★**侧扳腿：**两腿平行站立，左脚支撑，右腿上屈，左手放在右腿膝关节处，慢慢地向内按压。两腿交替做此动作。（图6）

3

4　　　　　　**5**　　　　　　**6**

腰部伸展运动

★**屈膝前俯：**盘坐，两手抱足尖，背不要弯，上体前俯，两肘触地，用胸触脚。（图1）

★**以膝碰胸：**两脚平行站立，左脚支撑，右腿上屈，两手抱右膝关节向胸前靠。两腿交替做此动作。（图2）

★**屈膝转肩：**两脚分开，略比肩宽，两肩交替前伸。（图3）

★**触脚尖：**两脚合并站立，上体慢慢下俯，以手触脚尖。（图4）

第三章

稳扎稳打
学基础

Basic Skills of Ping-Pong

掌握扎实的基础知识是打好乒乓球的第一步。通过本章的学习，可以掌握乒乓球的握拍方法、基本站位、站姿、步法和相关的击球知识。

握拍的方法简称"握法"，有两种：一种是像握笔一样的直握球拍法，简称为"直拍"；另一种类型是像握手一样的横握球拍法，简称为"横拍"。不同的握法各有其优点，从而产生各种不同的打法，可以说握法决定着一个选手的特长发挥。握法固定后也不是不能改变，随着水平的提高，可以自然改变。

△ 直握球拍法

用拇指和食指握住球拍拍柄与拍面的结合部位。拍柄右侧贴在食指的第三关节内侧，食指的第二关节压住球拍的右肩，其第一关节自然向内弯曲；拇指的第一关节压住球拍的左肩，其他三指自然弯曲斜形重叠，以中指第一指关节托于球拍背面上端1/3处。直握球拍基本分为三种方法：标准握法、大钳式握法和小钳式握法。标准握法要求拇指和食指保持适中的距离，握拍既不过深，也不过浅；大钳式握法要求拇指和食指间距较大，握拍较深；小钳式握法要求拇指和食指间距较小，握拍较浅。

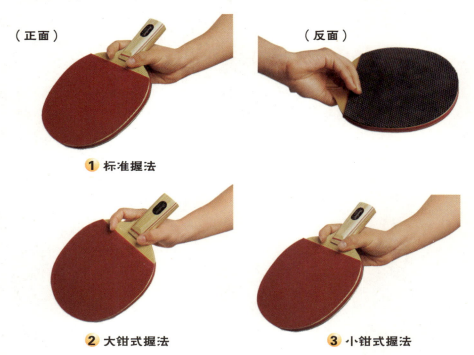

（正面）　　　　　　　　　　（反面）

❶ 标准握法

❷ 大钳式握法　　　　　❸ 小钳式握法

直握球拍的特点

★可以较充分地运用手腕灵活的优势做细小动作；易于处理台内球；侧身进攻比较灵活。

★大钳式握法发力较好，相对而言，手腕灵活性稍差；小钳式握法手腕运用灵活，但发力稍差。

直握球拍的运用

★正手攻球时，拇指与中指协调用力控制好拍形，食指放松。中指第一指关节顶住拍背面，保证持拍的稳定和发力。

★反手推挡时，食指和中指协调用力控制拍形，拇指相对放松。

★正手发力时，以中指为主，食指和拇指在保持正确拍形的同时，辅助用力。

（正面）　　　　　　　　　　　　　　（反面）

❶ 正手攻球的握拍方法

❷ 反手推挡的握拍方法　　　　　**❸ 正手发力的握拍方法**

△ 横握球拍法

用中指、无名指和小指自然握住拍柄，拇指在球拍的正面轻贴在中指旁，食指自然伸直斜放于球拍的反手面，虎口正中央贴拍柄正侧面。如果虎口稍紧贴拍柄正侧面，可称为"深握法"；如果虎口处稍离开拍柄肩侧，可称为"浅握法"。

❶ 横拍标准握法

❷ 横拍深握法

❸ 横拍浅握法

横握球拍的特点

★深握法拍形比较容易固定，发力比较集中。
★浅握法手腕相对灵活，处理台内球较容易。

横握球拍的运用

★正手攻球时，食指顶住拍背面。
★反手攻球时，拇指顶住拍面。

❶ 横拍正手攻球时食指顶拍

❷ 横拍反手攻球时拇指顶拍

基本站位与站姿
Basic Standing Postures

　　运动员为了便于回击各种不同落点、性能的来球，在每次击球前，都会根据个人的打法及身体特点，力求使自己处于一个相对固定的位置，并保持一种相对稳定的姿势。这个相对固定的位置，就叫"基本站位"；这种相对稳定的姿势，就叫"基本站姿"。

　　基本站位指的是一个大概范围，并不是固定的一点。各类型打法的基本站位不仅不一样，而且所指的范围大小也不相同。另外，基本站位还与个人身体及对方打法特点有关。每个运动员的基本站姿也会依其身体条件及技术特点略有不同。

△ 击球标准动作姿势

直拍正手击球标准动作

★ 站位：两脚开立，右脚略在前，双膝微屈，收腹，含胸，身体稍前倾。

★ 引拍：眼睛注视来球，同时向右侧后方引拍。

★ 挥拍击球：挥拍击球时，以左脚为轴，向左转动腰部带动手臂向前上方挥拍，重心移至左脚，击球后，手臂顺势在眼睛上方收住。

❶ 站位及引拍　　　　　　　　　　　　　　　　　　　　**❷** 挥拍击球

横拍正手击球标准动作

★**站位**：两脚开立，右脚略在前，双膝微屈，收腹，含胸，身体稍前倾。

★**引拍**：眼睛注视来球，同时向右侧后方引拍。

★**挥拍击球**：挥拍击球时，以左脚为轴，向左转动腰部带动手臂向前上方挥拍，重心移至左脚，击球后，手臂顺势在眼睛上方收住。

① 站位及引拍   **②** 挥拍击球

直拍反手击球标准动作

★**站位**：两脚开立，双膝微屈，收腹，含胸，身体稍前倾，右臂自然弯曲并内旋。

★**引拍**：眼睛注视来球，向腹前方引拍。

★**挥拍击球**：挥拍击球时，前臂向前，以拍迎球。

① 站位　　②引拍　　③挥拍击球

横拍反手击球标准动作

★**站位:** 两脚开立,左脚略在前,双膝微屈,收腹,含胸,身体稍前倾,右臂自然弯曲。

★**引拍:** 眼睛注视来球,向腹前方引拍。

★**挥拍击球:** 挥拍击球时,前臂向前上方挥拍,击球后,手臂顺势在眼睛上方收住。

① 正面　　②侧面

△站位

运动员站立的位置叫"站位"。根据运动员所站立的位置与球台端线之间的距离，可将站位划分为近台、中台、远台、中近台和中远台。

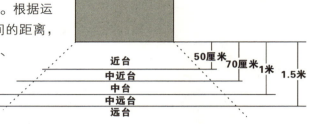

近台	50厘米
中近台	70厘米 1米
中台	1.5米
中远台	
远台	

进攻型打法正手攻球基本站位

★**站位方法**：站位在球台中间偏左，离台 20 ~ 40 厘米。两脚开立，比肩略宽，移动脚稍前置，膝微屈，重心放在支撑脚上，收腹，上体稍向持拍手同侧转。

★**特点和作用**：站位近，以前臂发力为主，拍面略前倾，中上部触球。近台快攻技术好能在比赛中争得主动，为扣杀创造机会或直接得分。

肩用力

膝微屈

比肩略宽

① （侧面）　　　② （正面）

进攻型打法反手攻球基本站位

★**站位方法**：站位偏远，离球台约40厘米。双脚开立，膝微屈，身体稍向执拍手反侧转。手臂自然弯曲。

★**特点和作用**：站位比正手攻球远，是两面攻打法的主要技术之一。

肩用力

膝微屈

比肩略宽

1 （侧面）　　　　　　　　　　**2** （正面）

左推右攻基本站位

★**站位方法：**离球台约 20 厘米，两脚距离比肩稍宽，膝微屈，重心落于前脚掌。

★**特点和作用：**步法比较灵活，在比赛中常用于侧身发力。

推挡侧身基本站位

★**站位方法**：同左推右攻。

★**特点和作用**：步法比较灵活，在比赛中常用于侧身发力。

推挡侧身扑正手基本站位

★**站位方法**：同左推右攻。

★**特点和作用**：杀伤力较大，多用于直板扣杀大角度的球。

△ 击球范围

　　半台：中线将每个台区分为左、右两个半台（其左右方位依击球方而定），又称
"1/2 台"。

　　1/3 台：台区左侧 1/3 部分称为"左 1/3 台"；台区右侧 1/3 部分称为"右 1/3 台"。

　　2/3 台：台区左侧 2/3 部分称为"左 2/3 台"；台区右侧 2/3 部分称为"右 2/3 台"。

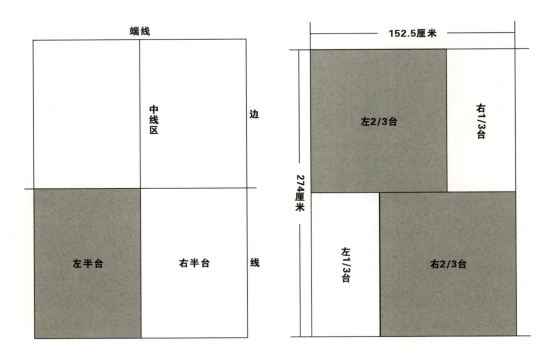

有人称步法是乒乓球运动员的技术生命，因为每一次击球，几乎都是从移步开始的。因此，打乒乓球一定要学好移步技术。

△ 步法的重要性

通常情况下，回球质量欠佳或失误，就是因为没有调整好人与球的关系。这时人们往往以为是手法问题，其实是步法出了问题。步法不好，难以保证上肢以正确的击球动作回击球，其准确性和击球质量就大大降低，甚至难以发挥自己的技术特长。

△ 对步法的基本要求

用最快速的步法移动到合适的位置。在移动过程中，尽量保持身体重心的平稳，不宜有过大的起伏。移动动作要协调，击球瞬间，身体要保持稳定，便于合理完成动作。

△ 常用的步法技术

单步

★**移动过程**：以一只脚为轴，另一只脚向前、后、左、右不同方向移动。当移步完成时，身体重心也随之落在移动脚上，然后挥臂击球。

★**特点和作用**：动作最为简单，重心平稳，但移动范围小，一般在来球离身体较近时使用。

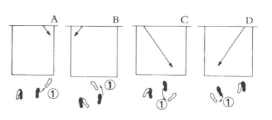

跨步

★**移动过程：** 一只脚向前、后、左、右不同方向跨出一大步，身体重心随即移到移动脚上，而另一只脚也迅速滑动迈步跟过去，然后挥拍击球。

★**特点和作用：** 移动快，移动范围较单步大，当球离身体较远时使用，多用于借力还击，不适于自己主动发力。因移动中常会降低身体重心，故不宜连续使用。

跳步

★**移动过程：** 以远离球的脚用力蹬地为主，使两脚同时离地，向来球方向跳动。蹬地用力大的脚先着地，另一脚跟着落地站稳，然后挥拍击球。

★**特点与作用：** 移动范围大，重心变换快，可连续回击来球，在来球离身体较远情况下使用较多。

并步

★**移动过程**：先以远离球的脚向支撑脚并一步，接着支撑脚向来球方向再迈一步，然后挥拍击球。

★**特点和作用**：移动幅度介于单步和跳步之间，移动时身体不腾空，重心起伏小，常为进攻或削球打法左右移动时运用。

① 向右移动站位　　　② 跨右脚

③ 向左移动站位

④ 跨左脚

交叉步

★**移动过程：**先以远离球的脚迅速向左、右、前、后不同方向跨出一大步，接着支撑脚向同方向再迈出一步，挥拍击球，然后还原脚步。

★**特点和作用：**交叉步移动幅度比前几种都大，在左半台正手侧身进攻后，返正手位回击角度较大、速度较快的来球时，经常运用这种步法。

侧身步

★**移动过程**：当来球落点在自己反手一侧而采用正手攻击时，则运用侧身让位。侧身步移动方法一般有三种：

● 跨步侧身移动：以左脚先向左前方跨一步，同时以左前脚掌为轴，右脚随转体向左后方移一步，重心落在右脚上。

● 跳步侧身移动（环形跳步）：以右脚蹬地为主，两脚同时离地向左侧跳动，腰、髋同时迅速扭转让位。

● 并步侧身移动：右脚先向左脚后面移动一步，左脚跟着向左斜后方移动一小步。

★**特点和作用**：侧身步移动主要用于进行发球抢攻、接发球抢攻，及在相持中的抢攻。

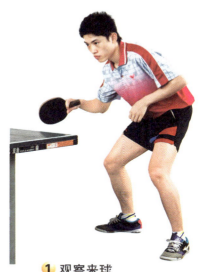

1 观察来球

2 引拍

3 击球

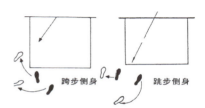

跨步侧身　　跳步侧身

△ 球的旋转与飞行轨迹

乒乓球的飞行轨迹和速度主要受两个因素的影响：

★ 球自身的弹性和重量。

★ 不同的击球方式。如果能恰当地使用旋击球，球在一开始就可以达到每秒 150 转的转速。在使用相同的力量击球时，球获得的旋转越多，球行进的速度就越慢。

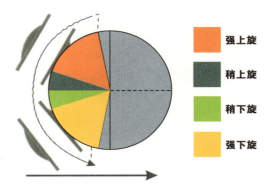

强上旋

稍上旋

稍下旋

强下旋

没有旋转的击球

被击出后，球的飞行轨迹不存在旋转，空气对称地围绕球流动，这种击球方式称为"没有旋转的击球"。

由于环绕球流动的空气的压力对称地作用于球上，没有旋转的球会沿着一条弯曲度比较大的抛物线飞行。在相同的击球力量情况下，这种击球的飞行轨迹比下旋击球要短一些。

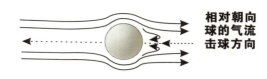

相对朝向球的气流
击球方向

上旋击球

在乒乓球比赛中，完全不旋转的球是十分少见的。如果用球拍从下面击打球，旋转在球上的气流产生作用力 K，该作用力垂直于运动方向，方向向下，对地球引力有支持的作用，因此击出的球会在台面上形成最大的速度。与没有旋转的击球相比，上旋击球的飞行轨迹弯曲度比较大，这种球击中台面时的入射角特别陡。常见的上旋击球有抽球和弧圈球。

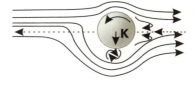

相对朝向球的气流
击球方向

下旋击球

下旋击球的效果与上旋击球正好相反，这种击球的作用力 K 垂直于运动方向，方向向上。搓球就是常见的下旋击球方式之一。

相对朝向球的气流击球方向

侧旋击球

侧旋击球时，由于球的旋转，球的飞行轨迹为侧向弯曲。想要击出最大的侧旋，可以进行侧拉弧圈球。

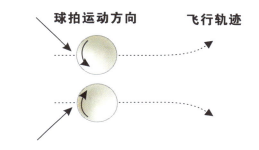

球拍运动方向　　飞行轨迹

△ 球的旋转与弹跳

不同的旋转方式会导致球在台面上的弹跳角度不同，从而也会在对方的球拍上产生不同的效果。

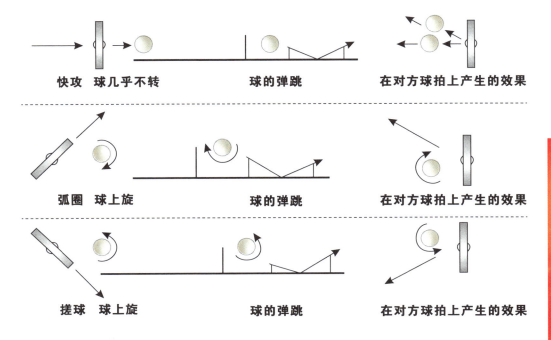

快攻　球几乎不转　　　　球的弹跳　　　　　在对方球拍上产生的效果

弧圈　球上旋　　　　　　球的弹跳　　　　　在对方球拍上产生的效果

搓球　球上旋　　　　　　球的弹跳　　　　　在对方球拍上产生的效果

△ 击球点

采用具体的击球技术时，需要考虑不同的击球点。例如：搓球的击球点在球处于飞行的最高点或者下落曲线上；推挡的击球点在球处于上行曲线上。

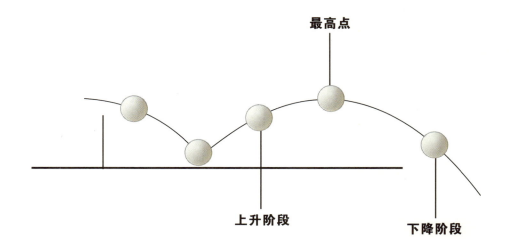

最高点

上升阶段　　　　　　下降阶段

一个完整的击球动作可分为三个阶段：预摆阶段、击球阶段、摆动阶段。在击球阶段，应注意在触球距离内稍微提前触球。

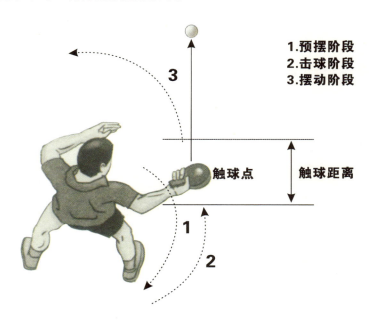

1.预摆阶段
2.击球阶段
3.摆动阶段

触球点　　触球距离

乒乓球学练十大黄金窍门

◎ **从斜线到直线击球**

由于斜线击球的击球线路和反应时间比直线击球长，所以练习时相对容易。

◎ **由慢到快击球**

掌握不同的击球力量对击球稳定性和准确性的影响。

◎ **由远到近击球**

初学阶段，运用远距离击球，给初学者更多的反应时间。熟练后，进行近距离击球，训练运动员快速反应力。

◎ **从间接到直接击球**

先通过球与地面接触的预备练习，使学习过程变得容易。之后，再利用球台掌握击球技术。

◎ **从搭档性质到比赛性质击球**

第一阶段，可以像训练搭档那样击球，让运动员体验打乒乓球的乐趣。第二阶段进入比赛性质的练习，使球处于回合状态。

◎ **从没有旋转的击球到有旋转击球**

在击打没有旋转的球时，初学者可以获得更多的回击练习。熟练后，可以击打有旋转的击球，体会不同击球方式对球的飞行轨迹和速度的影响。

◎ **从简单有规律到结合无规律击球**

第一阶段，用简单有规律的击球与运动员练习，使其初步掌握击球的规律，了解球的飞行轨迹。第二阶段，进行无规律击球，训练运动员准确的判断力和快速的应变能力。

◎ **接近实战情况练习**

用接近实战情况练习技术，使运动员处于一个典型的比赛状态，适应实战要求，而不是成为单纯的"训练型冠军"。

◎ **根据比赛情况进行训练**

针对具体比赛情况、特定对手的水平和特点，运动员必须进行有针对性的训练，在比赛中运用和检验所掌握的击球技术。

◎ **安排运动中的练习形式**

通过练习在运动中完成击球，使运动员更好地进行比赛。

第四章

乒乓球技术入门

Introductory Course of Ping-Pong

乒乓球运动是一项个性化很强的运动，技术种类繁多，每个人的运用方式也千差万别，但都离不开基本技术。通过本章的学习，可以掌握发球技术、接发球技术、推挡球技术、攻球技术、搓球技术、削球技术等十余种基本技术。掌握基本技术，是灵活运用各种战术、击败对手的前提。

发球是乒乓球比赛中每一分球的开始，它是乒乓球技术中唯一不受对方来球制约的，可以让使用者最大限度地实现自己的战术意图，其主动性显而易见。正因为如此，它也是最有潜力可挖的一项技术。

△ 发球规则的操作技巧

无遮挡发球：在运动员发球时，球与球拍接触的一瞬间，击球点与两侧网柱连线所形成的虚拟三角形之内和一定高度的上方不能有任何遮挡物，并且至少一个裁判员要能看清运动员的击球点。

抛球手迅速移开

运动员发球的击球点多在抛球手的上方或与抛球手基本在同一水平面上，造成抛球手挡住击球点，在前方和裁判员的位置根本无法看到击球状态。要满足新规则的要求，在抛球后，抛球手要尽快离开击球点的前方。

抛球路线不能过斜、过后

运动员发球往往容易向身体内侧斜后上方抛球。这样便于发力，发出高质量的旋转球，但是，这也会造成身体对击球点的遮挡，特别是侧身发球。在新规则要求的操作中，抛球不能太往后，一般在身体垂直轴附近更容易让人看清。当然，像多数后手发球和下蹲发球，把击球点放在身体正面，就能让裁判员看得非常清楚。

身体位置与球台端线夹角成锐角状态

这样，在发球时上身对击球点遮挡的概率就会小许多，保险系数也就大多了。

身体不要过于前倾

发球时，身体前倾幅度过大，甚至有的运动员的上身与台面几乎在一个水平面上，就特别容易造成肩部来不及移动而遮住击球点。所以，在发球时，上身要直起来一些，略前倾，上身与下身的夹角至少要大于 100 度，才能较大程度地让他人看清击球点。

击球点适当下移

　　击球点靠上，容易使胸部由于转体不及时，挡住击球点。发球时，击球点最好在腹部高度。这样，转体对击球点清晰度的影响相对较小，发球时的击球点就更容易让人看得见。

△平击发球

　　其技术特点是速度比较慢，力量比较轻，技术容易掌握。

正手平击发球标准动作

★**站位**：身体离球台约 40 厘米，两脚开立，略宽于肩。
★**引拍**：抛球时，向后上方引拍，球拍拍面略前倾。
★**挥拍击球**：球拍向前下方挥动，击球中部略偏上部位。
★**还原**：击球后迅速还原。

正手平击发球标准动作要点

★抛球和引拍的时机要准确。
★挥拍击球时有一个略微向前下方压球的动作。

横拍

站位

引拍

挥拍击球 1

挥拍击球 2

直拍

站位

引拍

挥拍击球 1

挥拍击球 2

反手平击发球标准动作

★ **站位**：身体离球台约 40 厘米，两脚开立，略宽于肩。

★ **引拍**：抛球时，右臂外旋，使球拍拍面略前倾，向左后上方引拍。

★ **挥拍击球**：当球从高点下降至稍高于球网时，击球的中上部向右前方发力。

★ **还原**：击球后迅速还原。

横拍		
站位	引拍	挥拍击球

直拍		
站位	引拍	挥拍击球

△ 奔球

技术特点是球速快、落点长、冲力大，球的飞行弧线低，突然性强。常常通过偷袭对方正手位，来实施牵制对方侧身抢攻的战术意图。

直拍正手奔球标准动作

★站位：尽可能靠近球台。

★引拍：抛球时，拍向后引，球拍稍横立起（尽可能与发侧旋球的动作相似），身体重心移至右脚。

★挥拍击球：击球时，球拍立起，向前方稍下快速挥动，用拍撞击球的中部，击球点要比较低，以降低弧线，尽量使第一落点靠近本方球台的底线处，以便发出长球。

★还原：击球后，尽可能停住随势动作。

直拍正手奔球标准动作要点

★击球点比较低，与网高基本相平。

★第一落点要靠近本方球台的底线附近。

★用手腕的弹击力击球。

站位　　　　　　引拍 1　　　　　　引拍 2

挥拍击球 1　　　　　挥拍击球 2

直拍反手奔球标准动作

★**站位**：靠近球台，右脚在前，左脚稍后，考虑好发球的线路。

★**引拍**：抛球的同时，球拍向后方引，并带动腰向左侧转动，拍面与地面垂直，手腕适当放松。身体重心落在右脚。

★**挥拍击球**：球拍向前挥动并加速，触球瞬间变化球拍角度，决定发球线路。充分运用手腕的弹击力量。击球点要比较低，以降低弧线，尽量使第一落点靠近本方球台的底线处，以便发出长球。

★**还原**：挥拍时调整身体的重心和姿势，注意还原。

直拍反手奔球标准动作要点

★击球点要比较低。

★第一落点要靠近本方球台的底线附近。

★用手腕的弹击力击球。

站位　　　　**引拍**　　　　**挥拍击球 1**　　　　**挥拍击球 2**

横拍奔球标准动作

★**站位：**靠近球台，身体稍前倾，左脚前，右脚后。注意观察对方的站位，决定发球的线路。

★**引拍：**抛球时，持拍手向后方引拍，拍面稍前倾，手与手腕适当放松，腰稍向右转。

★**挥拍击球：**用腰带臂发力向前挥动，触球瞬间再变化球拍角度、决定发球线路，以提高隐蔽性。触球时手腕有弹击球的动作，重心由右脚向左脚移动，球拍继续向前挥，重心落至左脚。击球点要比较低，以降低弧线，尽量使第一落点靠近本方球台的底线处，以便发出长球。

★**还原：**注意动作还原。

横拍奔球标准动作要求

★击球点要比较低，与网高基本相平。

★第一落点要靠近本方球台的底线附近。

★用手腕的弹击力击球。

|站位|引拍|挥拍击球 1|挥拍击球 2|

△ 转和不转发球

其技术特点是球的旋转反差比较大。在使用旋转变化方面，不转发球的使用是以能够发出比较强烈的下旋转球为前提；在落点方面，往往以发近网短球为主，兼顾长球。

直拍正手转与不转发球标准动作

★站位：左脚在前，右脚在后，以便发挥腰的力量。

★引拍：抛球后，向后上方引拍，使拍面后仰，手腕适当外展，腰向后转。

★挥拍击球：以腰带臂向前下方挥动，触球时拍面后仰，手腕加力，身体微向前下压，充分运用身体发力。

★还原：发球后，挥拍动作尽可能停住，以利于还原。

直拍正手转与不转发球标准动作要点

★在拍触球的瞬间，决定发球是转或不转。

★发下旋时，用球拍下半部偏前的部分摩擦球的中下部。

★发不转球时，用球拍的上半部撞击球的中下部。

站位　　　　　　引拍　　　　　挥拍击球 1　　　挥拍击球 2

直拍反手转与不转发球标准动作

★**站位**：靠近球台，重心稍降低，持拍手的肩部略低于对侧肩。

★**引拍**：抛球时，持拍手向后上方引拍，拍面后仰，同时身体向左侧适当转动，以便用力。

★**挥拍击球**：球拍向前下方挥动，控制好球拍的角度。保证动作的连贯性和相似性。触球时用力多靠手腕。

★**还原**：控制动作幅度，并注意还原。

直拍反手转与不转发球标准动作要点

★发下旋球时，用球拍的下半部去摩擦球的中下部，手腕发力摩擦。

★发不转球时，用球拍的上半部去撞击球的中下部，手腕和前臂有送球的感觉。

站位　　　引拍　　　挥拍击球 1　　　挥拍击球 2

横拍正手转与不转发球标准动作

★**站位**：身体离球台约 15 厘米，重心稍降低，双膝微屈。

★**引拍**：当球抛起后，持拍手向后上方引拍，拍面适当后仰，手腕、手臂适当放松，便于发力。

★**挥拍击球**：当球下降到适当位置（击球点高，发球的弧线会高；击球点低，发球可能不过网），持拍手迅速用力由后上方向前下方挥拍。击球后，使转与不转两种发球的动作近似，以提高隐蔽性。

横拍正手转与不转发球标准动作要点

★ 发球后要控制动作幅度，并注意还原。

★ 发下旋时，用球拍的下半部去摩擦球的中下部，触球瞬间，拇指、食指和手腕加强用力，做下旋的摩擦。

★ 发不转球时，用球拍的中上部去撞击球的中下部，触球瞬间，同样加速。注意体会球拍吃不住球的感觉。

| 站位 | 引拍 | 挥拍击球 | 还原 |

横拍反手转与不转发球标准动作

★ **站位**：站位近台，重心稍低，持拍手的肩部略低于对侧肩。

★ **引拍**：抛球时，持拍手向后上方引拍，拍面后仰，同时身体向左侧适当转动，以便用力。

★ **挥拍击球**：球拍向前下方挥动，控制好拍面角度，保证动作的连贯性。触球时用力多靠手腕。

★ **还原**：控制动作幅度，并注意还原。

横拍反手转与不转发球标准动作要点

★ 发下旋球时，用球拍的下半部去摩擦球的中下部，手腕发力摩擦。

★ 发不转球时，用球拍的上半部去撞击球的中下部，手腕和前臂有送球的感觉。

| 站位 | 引拍 | 挥拍击球 | 还原 |

△ 侧上、下旋发球

其技术特点是球具有混合旋转的性质，易于在旋转和速度方面进行变化组合，是比较常用的发球技术。在旋转变化方面，以侧下旋发球为主，配合侧上旋发球；在速度变化方面，可以把侧上旋发球当作奔球来用。

直拍正手侧上、下旋发球标准动作

★**站位**：左脚在前，右脚在后，身体侧向球台，降低身体重心。

★**引拍**：引拍时，球拍向上引，同时腰后转，抛球手抬起。

★**挥拍击球**：球拍向前下方挥动，腿和腰腹用力带动手臂，拍触球时，手臂和手腕发力。击球后，可使手腕做外展的假动作。侧上旋发球的拍面要略微立起，在球拍横向挥动中，摩擦球的中部；侧下旋发球的拍面应略后仰，在球拍向侧下方挥动中，摩擦球的中下部。

★**还原**：发球后，迅速还原。

直拍正手侧上、下旋发球标准动作要点

★引拍要充分，要发挥身体转动的力量。

★侧下旋发球时，球拍略后仰，摩擦球的内侧下部；侧上旋发球时球拍略立起，摩擦球的内侧中部。

★侧上、下旋发球触球时动作尽量一致，发力要集中。

站位　　　　引拍　　　　挥拍击球 1　　　　挥拍击球 2

直拍反手侧上、下旋发球标准动作

★ **站位**：两脚平行或右脚稍前。

★ **引拍**：抛球时，拍向后上方引，手腕稍外展，球拍适当后仰，同时腰后转，左脚稍抬起，重心移至右脚。

★ **挥拍击球**：击球时，以转腰、身体重心向左脚回转带动手臂和手腕发力。发侧上旋球时，击球点在球拍向前下挥转向横侧上方挥动之前；侧下旋发球时，击球点在球拍向前下挥动开始时。

★ **还原**：发球后，迅速还原。

直拍反手侧上、下旋发球标准动作要点

★ 运用好腰的力量。

★ 发侧上旋球时，击球点在球拍向前下挥转向横侧上方挥动之前。

★ 发侧下旋球时，击球点在球拍向前下挥动开始时。

★ 做侧上、下旋发球时，击球点的位置要尽可能地接近。

站位

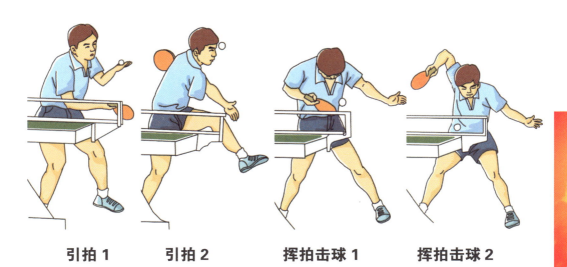

引拍 1　　　　引拍 2　　　　挥拍击球 1　　　　挥拍击球 2

横拍正手侧上、下旋发球标准动作

★**站位**：左脚在前，右脚在后，身体侧向球台，降低身体重心。

★**引拍**：当持球手将球抛起时，持拍手向身体的后上方引拍，身体随之向后转动，球拍稍后仰。

★**挥拍击球**：挥拍前，持拍手腕应适当外展，球拍向前下方挥动。发上旋球时，拍面由后仰逐渐变成稍横立状，摩擦球的内侧中部。触球时手腕向横侧方用力，并微微勾手腕，以加强上旋。发下旋时，拍面稍后仰，用球拍的中下部摩擦球的中下部，此时手腕和手指发力。

★**还原**：挥拍的幅度不宜过大，以使还原动作能迅速完成。

横拍正手侧上、下旋发球标准动作要点

★引拍要充分，要发挥身体转动的力量。

★侧下旋发球时，球拍略后仰，摩擦球的内侧下部；侧上旋发球时球拍略横立，摩擦球的内侧中部。

★侧上、下旋发球触球时动作尽量一致，发力要集中。

站位　　　　　引拍　　　　挥拍击球 1　　　挥拍击球 2

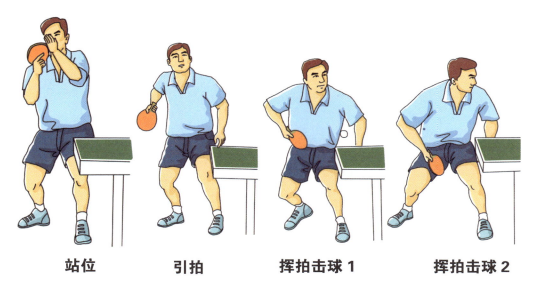

| 站位 | 引拍 | 挥拍击球 1 | 挥拍击球 2 |

横拍反手侧上、下旋发球标准动作

★**站位**：两脚平行或右脚稍前。

★**引拍**：抛球时，用肘的上提来引拍，并引向身后，球拍横立，手腕内收。

★**挥拍击球**：挥拍时，以肘带前臂，向身体侧前方挥，这时手腕突然加力外展摩擦球，同时身体向前压。发侧下旋球时，球拍稍后仰，尽可能向前下方挥动。在球拍转向侧上方的瞬间摩擦球的中下外侧。发侧上旋球时，球拍稍立起，尽可能向侧方挥。在球拍向前下方挥动转向侧上方的瞬间摩擦球的中部外侧。

★**还原**：结束动作尽量幅度小。

横拍反手侧上、下旋发球标准动作要点

★发侧下旋球时，击球点是在球拍向前下方挥动转向横侧方变化之间。

★发侧上旋球时，击球点是在球拍向横侧方变化之后。

★两个动作在击球点上要尽量靠近。

站位

引拍

挥拍击球 1

挥拍击球 2

下蹲发球标准动作

★**站位**：一般站位左半台，在抛球时身体开始下蹲。

★**引拍**：球拍向持拍手肩的上方引，引拍线路呈半弧状，球拍略后仰。

★**挥拍击球**：在球下降至头上方时，挥拍击球，可以用球拍内侧摩擦球的外侧中上或外侧中下部，也可以用球拍内侧摩擦球的内侧中下部。

★**还原**：结束动作尽量幅度小。

下蹲发球标准动作要点

★发侧下旋球时，击球点是在球拍向前下方挥动转向内侧变化之后。

★发侧上旋球时，击球点是在球拍向横侧方变化之前。

★两个动作在击球点上要尽量靠近。

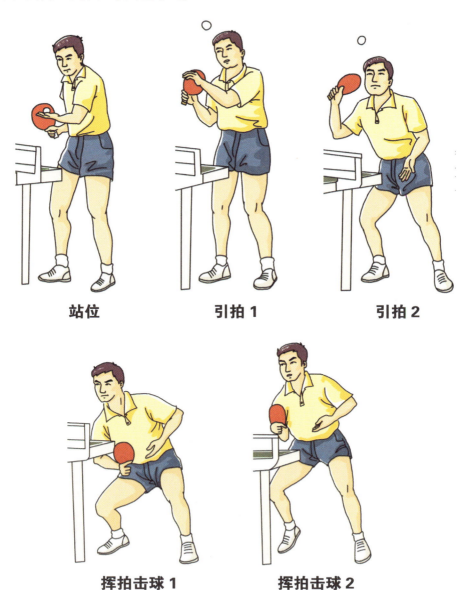

站位　　　　　　　引拍1　　　　　　　引拍2

挥拍击球1　　　　　　　挥拍击球2

接发球是比赛中接发球方的第一板球。这决定了接发球技术是一项反控制、求主动的技术，同时也是一项综合技术。

△ 接发球的判断

★ 就对方发球时的站位决定自己接发球的站位。

如对方位于右角用正手发球时，接球者应站在中线偏右处；发球者正手侧身发球时，接球者应站在中线偏左处。

★ 观察对方发球前的引拍方向。

一般情况下，引拍方向与用力方向相反，引拍方向决定旋转性质。如发下旋球，球拍向上引；发左侧旋球，球拍向右引；发奔球，球拍向后引等。

★ 观察球拍触球瞬间摩擦球的方向，判断球的旋转性质。

例如，球拍由上向下切球，为下旋；由左向右摩擦球，为右侧旋等。

★观察发球时挥臂的动作幅度和手腕用力大小，判断球的落点长短和旋转强弱。

挥臂幅度大则落点长；手腕用力大则旋转强。发球者手腕主要向斜前方用力，一般是斜线球；手腕由后向前用力，多为直线球。

★根据发球的第一落点判断来球的长短。

发球的第一落点靠近发球方的端线一般是长球，靠近球网为短球。

★根据球在空中的飞行弧线判断旋球。

下旋球运行轨迹弯曲度小，速度慢；上旋球在空中运行轨迹弯曲度较大，速度快，着台后有一定的冲力。

★根据手感判断来球的旋转。

在球拍触球的瞬间，如手感到球对拍的压力很小并有滑动感，是下旋球；如压力很大，球拍吃球很实，则是上旋球。

★记住不同性能球拍的颜色及各自的性能，有助于提高反应速度。

△ 接发球的站位

要接好发球，首先要选好站位。对方若在球台的右角发球，则可能把球发中间或偏右些；若对方在球台左角发球，则可能把球发至本方正手位置或发出左方大角度的球，因此接发球的站位应偏左些；若对方发球位置比较适中，则自己的站位也就不能过偏。

此外，还要根据自己的打法特点和站位习惯采取远近适中的站位，以便对付或长或短的发球。

△ 接发球技术运用

针对不同的发球，需要用不同的方法回接。

接平击发球

站位靠近球台，球拍对准来球的弹起方向。在来球刚刚弹起时，用平挡回接，拍形基本与台面垂直，借来球之力将球挡回。若用快推回接，以借力为主，并配合向前推击。用快攻回接，击球时间为上升期或高点期，以向前发力为主，略带向前上方摩擦球。亦可用前冲弧圈球回接，击球时间为上升后期或高点期，以向前用力为主。

接奔球

用正反手攻球或推挡回接，拍面应适当前倾，击球的中上部，调节好向前的力量。如用削球回击时，则应后退一些，等球速减慢一点儿再回击。

接下旋球

用拉球回接，击球时间为球下降前期，多向上用些力，增加摩擦球的动作。若来球下旋强烈，拍形还可稍后仰。用推挡回接，拍形稍后仰，球下降前期击球，触球瞬间有一向上摩擦球的小转腕动作。亦可用搓球回接，视来球下旋强度，调整拍形和用力方向。下旋强烈时，拍形后仰，多向前用些力，反之则减少拍形后仰度，稍增加向下用力。

接侧旋球

最重要的是调节拍形和用力方向。如对方发左侧旋，拍形应偏向对方右角，并稍向对方右角用力。对方发右侧旋，拍形应偏向对方左角，触球时稍向对方左边用力。至于拍形偏多少、用力方向和用力大小的掌握，皆应因球而异。

接侧上、下旋球

接侧上、下旋球，既要注意抵消来球的侧旋，又要设法克服来球的上、下旋。如接左侧上旋，拍形应偏向对方右角并稍前倾，触球时稍向对方右下方用力。

接好侧上、下旋球的前提是判断准确。从理论上认识清楚后，还必须多实践，多总结经验。

接转与不转球

在判断准确的前提下，应根据来球和自己准备使用的接发球技术调整动作。用攻或拉球接不转球时，拍形要略前倾，在球上升期击球，多向前用力；用搓或削接不转球，拍形稍竖，击球时间稍晚一些，向前下方用力；用攻或拉接下旋球，拍形垂直（下旋强烈，拍形应稍后仰），球下降前期击球，多用力向上摩擦球；用搓或削接下旋球，拍形后仰，适当多向前用力。

推挡球技术
Skills of Block

推挡球是推球和挡球的总称，它们是左推右攻型打法的主要技术之一，也是其他类型打法不可缺少的技术。推挡球站位近、动作小、速度快、落点变化多，也有一些旋转变化。各种推挡技术配合使用时，能利用速度、落点和旋转变化争取主动和创造进攻机会。在被动或相持时可起到积极防守的作用，并可变被动、相持为主动。推挡球可分为平挡、快推、加力推、减力挡、推下旋、推侧旋等。

△ 挡球

挡球也称"平挡"，分为正手挡球和反手挡球两种，是初学者的入门技术，挡球动作简单，容易掌握。其特点是力量小、球速慢、落点适中，不旋转或轻微旋转。通过练习可以熟悉球性、体会动作，给学习其他推挡技术打下良好的基础。

正手挡球标准动作

★ **站位：**身体离台 40 ～ 50 厘米，站在球台中间或偏左。两脚开立，左脚略前，两膝微屈，收腹含胸，上体略向右转。

★ **引拍：**右臂自然弯曲并内旋，使拍面接近垂直，置于身体右侧前方。来球从台面弹起后，前臂向前，以拍迎球。

★ **击球：**在来球的上升期，以接近垂直的拍形推击球的中部。只以前臂和手腕轻轻用力，主要借助来球的反弹力将球挡回。

★ **击球后：**手和臂顺势向前挥动，并迅速还原成准备姿势。动作过程中，身体重心落在双脚上。

引拍

击球

反手挡球标准动作

★站位：身体离台 40～50 厘米，站在球台中间或偏左。两脚开立，比肩稍宽，右脚略前或两脚平站，两膝微屈，收腹含胸，上体略向左转。

★引拍：右臂自然弯曲，引拍至身体前方或略偏左，同时前臂外旋，使拍形接近垂直。

★迎球：来球从台面弹起后，前臂向前，以拍迎球。

★击球：在来球的上升期，以接近垂直的拍形推击球的中部。击球瞬间只以前臂和手腕轻轻用力，主要借助来球的反弹力将球挡回。

★击球后：手和臂顺势向前挥动，并迅速还原成击球前的准备姿势。动作过程中，身体重心落在双脚上。

引拍　　　　　　　　击球

△ 快推

其特点是球速快、动作小、落点活，稍带上旋或不转，既可积极防守，又可辅助进攻，是使用最多的一种反手推挡技术。

快推标准动作

★站位：身体离台约 40 厘米，站位在球台中间或偏左。两脚平行或右脚略前，两膝微屈，收腹含胸，身体向前或略向左转，右上臂和肘关节靠近身体右侧。

★引拍：手臂自然弯曲，引拍至身前或偏左，同时前臂外旋，使拍面稍前倾。

★**迎球**：来球从台面弹起后，前臂和手腕向前或向前兼略向上挥拍迎球。

★**击球**：在来球的上升前期，以稍前倾的拍形推击球的中上部。球拍击球瞬间，前臂和手腕自然向前或向前兼略向上方发力，并主要借用来球反弹之力（即借力）将球快速击回。

★**击球后**：手和臂顺势向前挥动，并迅速还原成准备姿势。动作过程中，身体重心落在双脚上。

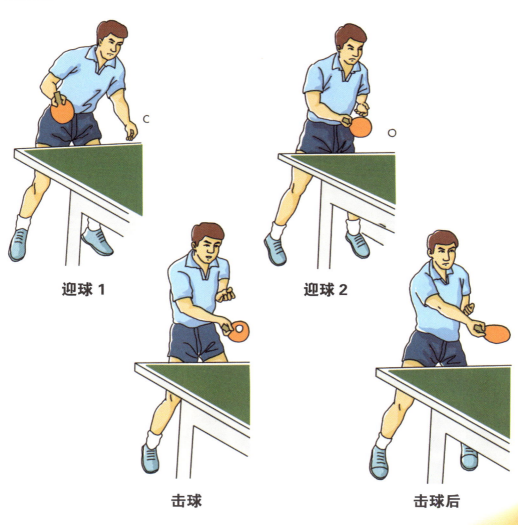

迎球 1　　　　　　　迎球 2

击球　　　　　　　击球后

△ 加力推

其特点是回球力量大、球速快、落点活，稍带上旋或不旋。能遏制对方进攻，迫使对方离台后退，陷于被动防守局面，并创造进攻机会。与减力挡配合使用，更能控制和调动对方，取得主动，是威力最大的一种推挡技术。

加力推标准动作

★**站位**：身体离台约50厘米，站在球台中间或偏左。两脚平行或右脚稍前，两膝微屈，收腹含胸，身体向前或略向左转。

★**引拍**：右上臂和肘关节靠近身体右侧，前臂外旋并向上提起，引拍至身前或偏左，与球网同高或略高，拍面稍前倾。

★**迎球**：来球飞越球网时，上臂、前臂和手腕向前，挥拍迎球，同时，腰、髋向左转动。

★**击球**：在来球的上升后期或高点期，以前倾拍形推击球的中上部。击球瞬间，上臂、前臂和手腕向前下方发力推压，腰、髋亦协助用力。

★**击球后**：手和臂顺势向前下方挥动，并迅速还原成准备姿势。动作过程中，身体重心从左脚移到右脚上。

| 站位 | 引拍 | 击球 | 击球后 |

△ 减力挡

其特点是力量轻、动作小，能减弱来球的反弹力，故弧线低、落点近、不旋转、前进力极弱。多数是在对方来球力量大或上旋强烈（特别是对方站位较远）的情况下使用，能调动对方前后奔跑，取得主动。如配合攻球或加力推，效果更好。

减力推标准动作

★ **站位**：身体离台约40厘米，站在球台中间或偏左。两脚平行或右脚略前，两膝微屈，收腹含胸，身体向前或略向左转。

★ **引拍**：右上臂和肘关节靠近身体右侧，手臂自然弯曲，引拍至身前或偏左，同时前臂外旋，使拍面稍前倾。

★ **迎球**：来球从台面弹起后，前臂和手腕向前挥拍迎球。

★ **击球**：在来球的上升期，以前倾拍形推击球的中上部。球拍击球瞬间，前臂和手腕轻轻后移，以减小来球的反弹力，使球轻轻飞回。

★ **击球后**：迅速还原成准备姿势。动作过程中，身体重心落在双脚上。

站位　　　　　　引拍　　　　　　击球　　　　　　击球后

△ 推下旋

其特点是回球下旋且速度较快、弧线较低、落点远、球下沉，对方回击时不能借力，并容易落网，故能遏制对方进攻，并创造进攻机会，是威力很大的一种推挡技术。但当对方来球力量较大、旋转较强时，使用推下旋将有一定困难。

推下旋标准动作

★**站位**：身体离台约 40 厘米，站在球台中间或偏左。两脚平行或左脚稍前，两膝微屈，收腹含胸，身体向前或略向左转。

★**引拍**：右上臂和肘关节靠近身体右侧，前臂略内旋并提起，引拍至身前或偏左，与球网同高或略高，拍面微后仰。

★**迎球**：来球从台面弹起后，前臂和手腕向前下方挥拍迎球。

★**击球**：在来球的上升后期或高点前期推击球的中部。球拍击球瞬间，上臂、前臂和手腕用力使球拍向前下方摩擦球。

★**击球后**：手和臂顺势向前下方挥动，并迅速还原成准备姿势。动作过程中，身体重心落在双脚上。

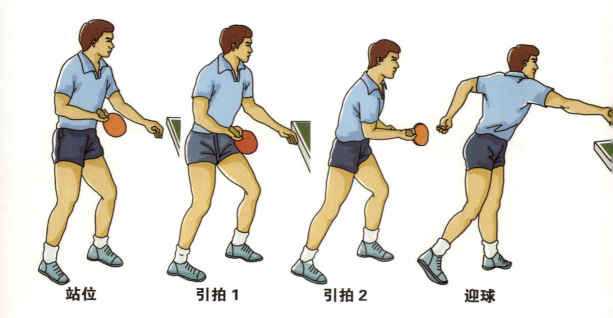

站位　　　　　引拍 1　　　　　引拍 2　　　　　迎球

△ 推挤

其特点是球速快、弧线低，推斜线时角度大，带左侧下旋，对方回击难度大，易从左侧出界。由于球拍击球部位是在来球的微转区，所以是对付弧圈球的一种比较稳当和有效的技术。

推挤标准动作

★**站位**：站在球台中间或偏左，身体离台约 40 厘米。两脚平行或左脚略前，两膝微屈，收腹含胸，身体向前，右上臂和肘关节靠近身体右侧。

★**引拍**：手臂自然弯曲，前臂上提并外旋，引拍至身前，使拍面稍前倾。

★**迎球**：来球从台面弹起后，前臂和手腕向左前下方挥拍迎球。

★**击球**：在来球的上升前期，以稍前倾的拍形推击球的中上部。球拍击球瞬间，前臂和手腕向左前下方发力。

★**击球后**：手和臂顺势向左前下方挥动，并迅速还原成准备姿势。动作过程中，身体重心落在双脚上。

引拍　　　　　　　　击球时　　　　　　　　击球后

攻球技术是指在击球方式上以撞击为主的进攻性技术。它是乒乓球的主要得分手段之一，包括了正手攻球技术和反手攻球技术。

△ 正手攻球

直拍正手攻球标准动作

★站位：判断来球，选好站位。

★引拍：引拍时，重心向右脚移，向后下方引拍，但球拍不要低于球台，右肩随转腰略下沉。拍形前倾，持拍手的拇指稍用力压拍，中指、无名指顶住球板。

★挥拍击球：向前上方挥拍。

★还原：注意还原。

直拍正手攻球标准动作要点

★引拍动作不要过大，注意运用腰的转动。

★击球点在身体的侧前方。

★要主动迎击来球。

站位　　　　引拍　　　　挥拍击球 1　　　挥拍击球 2

横拍正手攻球标准动作

★ **站位**：判断来球，选好站位。

★ **引拍**：引拍时，重心向右脚移，向后下方引拍，但球拍不要低于球台，右肩随转腰略下沉。拍形前倾，手腕发力。

★ **挥拍击球**：向前上方挥拍。

★ **还原**：注意还原。

横拍正手攻球标准动作要点

★ 同直拍正手攻球。

站位　　　　　　　　引拍1　　　　　　　　引拍2

挥拍击球1　　　　　　　　挥拍击球2

△ 反手攻球

直拍反手攻球标准动作

★**站位**：靠近球台，右脚略前。

★**引拍**：拍向后引至腹前，转体同时沉右肩，球拍与手臂基本保持在一条线上，肘关节和右肩略前顶。

★**挥拍击球**：向前上方挥拍，球拍略前倾，击球点在体侧前方。转腰时重心转至右脚，击球时手腕发力。

★**还原**：结束动作要与还原动作结合起来。

直拍反手攻球标准动作要点

★站位要准确。

★引拍动作和腰的转动结合起来。

★注意前臂和手腕的用力。

| 站位 | 引拍 | 挥拍击球 1 | 挥拍击球 2 |

横拍反手攻球标准动作

★ **站位：** 靠近球台，两脚平行。

★ **引拍：** 拍向后引至腹前，腹部侧转并内收，手腕内收，同时肘关节向前顶。

★ **挥拍击球：** 球拍略前倾，击球点在体前偏侧方，挥拍向前上方，击球时以前臂发力为主。

★ **还原：** 注意还原。

横拍反手攻球标准动作要点

★ 站位要准确。

★ 引拍动作和腹部的内收要与转动结合起来。

★ 注意前臂和手腕的用力。

| 站位 | 引拍 | 挥拍击球 1 | 挥拍击球 2 |

△ 侧身攻

侧身攻标准动作

★**站位**：稍偏左台角一些，以利于快速侧身。

★**引拍**：侧身时，右脚蹬地，左脚向侧前方迈一步，并向右转体，发力大小与转体幅度成正比，引拍至体侧。如果来球是下旋球，球拍可以稍立起，引拍位置稍低些；如果是上旋球，球拍角度可稍前倾一些，引拍位置稍高一些。

★**挥拍击球**：如果要打斜线，击球时间可以稍晚些（在身体侧），或击球时间不变，球拍拍面向外稍撇一些；如果要打直线，击球时间可以早一些（在身体侧前方），或击球时间不变，球拍拍面向内稍扣一些。

★**还原**：击球后注意还原。

站位　　　　　　　　引拍　　　　　　　　挥拍击球 1

挥拍击球 2　　　　　　　挥拍击球 3

直拍

站位　　　　　　　　引拍　　　　　　　挥拍击球 1

挥拍击球 2

挥拍击球 3

搓球技术
Skills of Push

搓球是近台和台内回击下旋球的一种比较稳当的技术，是各种类型打法必不可少的。搓球力量小、速度慢，旋转和落点变化多、线路短，球弹起后多在台内，缺乏前进力，对方不易发力进攻，因此可以作为过渡技术，用于创造进攻机会。因其动作与削球相似，又比较易学，故可作为削球的入门技术。

△ 正手搓球

正手搓球是控制对方试图从正手位抢攻，为自己创造进攻机会的技术。

直拍正手搓球标准动作

★ **站位**：判断来球，选好站位。
★ **引拍**：球拍向后上方稍引，球拍稍后仰。
★ **挥拍击球**：球拍向前下方挥动，用球拍的下半部摩擦球的中下部。触球时前臂手腕适当加力，拇指用力明显。
　　慢搓是搓球学习的入门技术，慢搓时，于球的下降期击球；快搓是比赛时常用的技术，快搓时，于球的上升期击球。
★ **还原**：随势挥拍动作幅度尽可能小。

直拍正手搓球标准动作要点

★ 注意借力发力。
★ 身体前迎，帮助手臂发力。
★ 触球时手腕快速发力摩擦球。

引拍　　　　　　　　　　　　　　　挥拍击球

横拍正手搓球标准动作

★**站位**：判断来球，选好站位。

★**引拍**：球拍向后上方稍引，球拍稍后仰。

★**挥拍击球**：球拍向前下方挥动，用球拍的下半部摩擦球的中下部。击触球时前臂手腕适当加力，拇指用力明显。慢搓时，于球的下降期击球；快搓时，于球的上升期击球。

★**还原**：随势挥拍动作幅度尽可能小。

横拍正手搓球标准动作要点

★同直拍正手搓球。

引拍   挥拍击球 1   挥拍击球 2

△横拍反手搓球

反手搓球是下旋控制技术中的基本技术。其特点是动作幅度不大、出手较快、弧线低、落点变化丰富。

横拍反手搓球标准动作

★**站位**：判断来球，选好站位。

★**引拍**：球拍向后引至腹前，手腕适当放松。

★**挥拍击球**：挥拍时，拍面后仰，球拍向前下方搓去，击球时手腕发力击球的中下部，拇指和食指略用力。慢搓时，于球的下降期击球；快搓时，于球的上升期击球。

★**还原**：随势挥拍动作幅度尽可能小，便于还原。

横拍反手搓球标准动作要点

★注意借力发力。

★摩擦球的力量要集中。

站位　　　　　　引拍　　　　　　挥拍击球

△ 摆短

摆短技术是快搓技术的进一步发展，是回接和控制对方近网下旋短球的有效技术。其特点是动作幅度小、出手快、回球短，正手侧身摆短时具有战术的隐蔽性。

直拍、横拍正手摆短标准动作

★**步法移动和站位**：判断来球，右脚向前跨步，身体靠近球台。

★**引拍**：球拍向后略引，球拍稍后仰。

★**挥拍击球**：拍向前下侧方挥动，在来球的上升期，摩擦球的中下部。触球时用手腕适当发力，并控制球回落在对方半台的近网处。

★**还原**：击球后，退步还原。

直拍、横拍正手摆短标准动作要点

★步子前跨要及时，以保证手臂充分伸进台内。

★摩擦球的动作要快而小，注意借力发力。

直拍　　　　　　　　　横拍

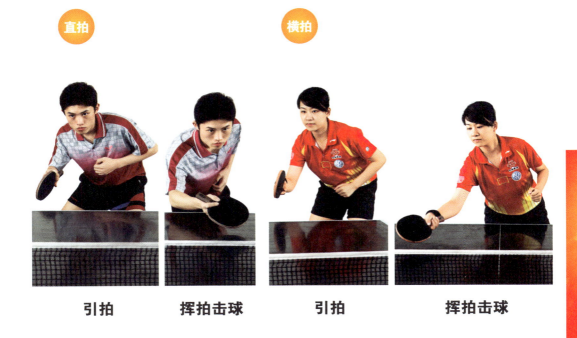

引拍　　　挥拍击球　　　　引拍　　　挥拍击球

横拍反手摆短标准动作

★ **步法移动和站位：** 判断来球，右脚向前跨步，身体靠近球台。

★ **引拍：** 球拍向后略引，球拍稍后仰。

★ **挥拍击球：** 拍向前下侧方挥动，在来球的上升期，摩擦球的中下部。触球时手腕适当发力，力量不应太大，控制球回落在对方的近网处。

★ **还原：** 击球后，退步还原。

横拍反手摆短标准动作要点

★ 手腕控制击球的力量和弧度。

★ 动作要小，借力发力。

步法移动和站位   引拍   挥拍击球

削球技术
Skills of Chop

削球技术以防守性为主，以旋转和落点的变化为主要特点。它站位离台较远，击球时间较晚，控制球的稳定性相对较好。但对于进攻型选手而言，使用率很低，只有在万不得已时，才会用此法救球。

△ 正手削球

其特点是旋转比较强，控制范围比较大。

正手中台削球技术标准动作

★站位：判断来球，选好站位，右脚稍前，双膝微屈。
★引拍：向后上引拍，球拍横立，引拍位置在右肩上。身体向后转动。
★挥拍击球：球拍向前下方挥动，在腰侧方击球的下降前期，摩擦球的中下部。触球时用腰带臂一同发力，身体重心同时向前下方移动。
★还原：球拍向前送出，然后还原。

正手中台削球技术标准动作要点

★身体重心随挥拍前压，以控制击球的弧线。
★手腕控制击球的旋转。
★变化球拍方向以控制击球的线路。

站位　　　　　引拍　　　　挥拍击球 1　　　挥拍击球 2

正手远台削球技术标准动作

★**站位**：判断来球，降低重心。

★**引拍**：球拍稍向后引，拍形横立，位置在头外侧，身体重心下降，左脚向前迈出，此时拍形后仰。

★**挥拍击球**：向前下方挥拍，击球点在身体侧前方，摩擦球的中下部，于球的下降后期击球。

★**还原**：球拍向前下方继续挥动，然后注意还原。

正手远台削球技术标准动作要点

★同正手中台削球技术。

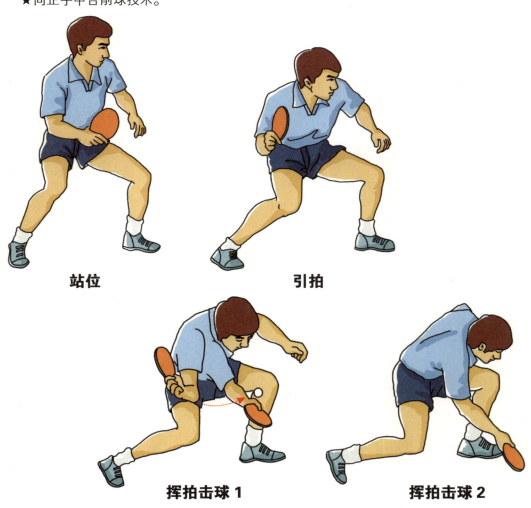

站位　　　　　　　　　　　引拍

挥拍击球 1　　　　　　　　　挥拍击球 2

△ 反手削球

其特点是可以充分运用腰部的力量，以及腰的向侧下转动动作对球的控制效果。在横拍削球手使用不同胶皮的情况下，反手削球技术是进行旋转变化的主要手段。

反手中台削球技术标准动作

★ **站位**：判断来球，右脚稍前，双膝微屈。

★ **引拍**：球拍随腰的动作向后上方引，拍形横立，当引至肩上方，拍形稍后仰，身体重心移至左脚。

★ **挥拍击球**：手臂向前下方挥，同时转腰，在身体侧前方击球的中下部，球拍向前外侧挥，触球时发力要集中。

★ **还原**：迅速还原。

反手中台削球技术标准动作要点

★ 同正手中台削球技术。

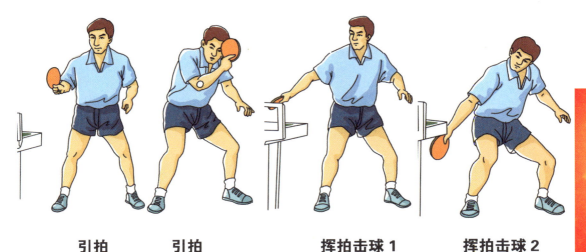

引拍　　　　　引拍　　　　　　　挥拍击球 1　　　　挥拍击球 2

反手远台削球技术标准动作

★**站位**：判断来球，身体前移，重心开始下降。

★**引拍**：球拍随腰的动作向后上方引，拍形横立，引至头外侧上方，拍形稍后仰，身体重心移至左脚。

★**挥拍击球**：手臂向前下方挥，同时转腰，在身体侧前方击球的中下部，球拍向前外侧挥，触球时发力要集中。

★**还原**：迅速还原。

反手远台削球技术标准动作要点

★同正手中台削球技术。

站位　　　　　　　　　　　　引拍

挥拍击球 1　　　　　　　　　挥拍击球 2

弧圈球技术
Skills of Loop Play

弧圈球是现代乒乓球运动中最主要的进攻技术，是乒乓球的旋转与速度不断融合的结果。它攻击力大、稳定性强、适用广泛。

△ 正手弧圈球

在进攻时，正手弧圈球在击球的时间和空间方面有较多选择余地，可以根据来球性质进行调整，因此是弧圈球技术中最具威力的进攻性技术。其技术特点是力量大、速度快，技术使用的稳定性比较高。

正手弧圈球标准动作

★站位：两脚开立，左脚在前，右脚稍后，收腹，含胸，屈膝，身体稍前倾，重心落在两脚之间，右肩略下沉。

★引拍：腰、髋向右转动，重心置于右脚前脚掌，右腿屈膝程度加大，前臂自然下垂，通过转腰带动大臂，前臂向侧后方引拍。

★挥拍击球：以右脚为轴，腰部带动大臂向左转动，与此同时，迅速收缩前臂。前臂向前左上方挥动，拍形前倾，摩擦来球的中上部。

★还原：手臂继续顺势挥动，身体重心落到左脚，然后迅速还原。

正手弧圈球标准动作要点

★击球时，手腕要相对固定，晃动幅度不能太大，直握拍选手还应注意避免吊腕。

★来球下旋强烈时，可在下降期击球，这样更容易通过摩擦来制造弧圈球。

★在爆冲弧圈球时，应提前至高点期或上升期击球。

横拍

站位　　　　　引拍　　　　　挥拍击球　　　　　还原

Introductory course of Ping-Pong

| 站位 | 引拍 | 挥拍击球1 | 挥拍击球2 |

△ 反手弧圈球

其技术特点是出手速度快、落点变化隐蔽，既可以直接得分，又可为正手进攻创造良好的机会。

反手弧圈球标准动作

★站位：两脚开立，右脚在前，左脚稍后，收腹，含胸，屈膝，身体稍前倾，重心落在两脚之间。

★引拍：腰、髋向右转动，重心落在左脚前脚掌，左腿屈膝程度加大，前臂自然放松，通过转腰带动大臂，前臂向侧后引拍。

★挥拍击球：以左脚为轴，腰部带动大臂向右转动，当上身接近球台时，迅速收缩前臂。前臂向右前上方外展，拍形前压，摩擦来球的中上部。

★还原：手臂继续顺势挥动，身体重心移到右脚上，然后迅速还原。

反手弧圈球标准动作要点

★引拍至腹前近身处，球拍通常都略低于台面。

★手腕略屈使拍面前倾，肘部自然地向前支出。

★发力时，肘部相对固定，主要以腰带动前臂向前上方发力，注意避免过于向上发力而导致重心后移。

横拍

| 站位 | 引拍 | 挥拍击球 1 | 挥拍击球 2 |

直拍

| 站位 | 引拍 | 挥拍击球 1 | 挥拍击球 2 |

反弹技术是由乒乓球反手推拨技术发展出来的，具有一定杀伤力的进攻性技术。

△ 直拍反手反弹

直拍反手反弹标准动作

★**站位**：判断来球，调整好击球位置。

★**引拍**：肘关节前顶，前臂后引至胸腹前，略含胸，球拍略向外撇，食指压住球拍，中指顶住底板。

★**挥拍击球**：球拍向前挥动，在来球的高点期，以肘关节为轴，通过前臂和手腕的弹击力量击球的中部。

★**还原**：击球后迅速还原。

直拍反手反弹标准动作要点

★引拍位置比较高。

★肘关节必须前顶，球拍略向外撇。

★要用弹击的方式发力。

站位　　　　　引拍　　　　　挥拍击球1　　　　挥拍击球2

横拍反手反弹标准动作

★**站位**：判断来球，调整好击球位置。

★**引拍**：肘关节前顶，前臂后引至胸腹前，略含胸，球拍略向外撇，拇指压住球拍。

★**挥拍击球**：球拍向前方挥动，在来球的高点期，以肘关节为轴，通过前臂和手腕的弹击力量击球的中部。

★**还原**：击球后迅速还原。

横拍反手反弹标准动作要点

★同直拍反手反弹。

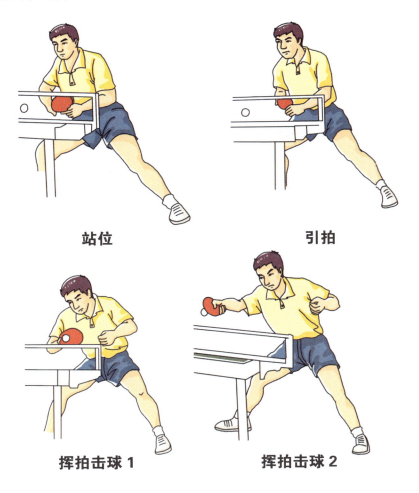

站位　　　　　　　　　　　引拍

挥拍击球 1　　　　　　　挥拍击球 2

杀高球技术
Smash the Lob

　　杀高球技术是处理高球和半高球的有效技术。对于杀高球而言，直、横拍在技术上的要求是一致的，在此一并讲解。

杀高球技术标准动作

★**站位**：判断来球，调整好击球位置。

★**引拍**：球拍向后上方引，转腰，重心右移。

★**挥拍击球**：在头的前上方击球，拍向前下方挥动，击球时手腕下压，身体重心同时向左移。

★**还原**：击球时注意保持身体平衡，击球后迅速还原。

杀高球技术标准动作要点

★判断来球的高度，做好引拍。

★注意用好身体的力量。

站位　　　　　　引拍　　　　　挥拍击球 1　　　　挥拍击球 2

挑打技术
Lift Skill

挑打技术是一种主动处理台内球的技术。在当今乒乓球竞赛中，运动员普遍采用以近网短球控制为主的战术策略来控制对方进攻，并为自己的进攻创造条件。因此，台内挑打技术已经成为抢先上手进攻的重要手段。它的动作幅度小，出手和球速快，突然性强，既可以在接发球时使用，也可以在摆短控制过程中使用。

△ 正手挑打

横拍正手挑打技术和直拍正手挑打技术相同，只是握拍的方式不同，在此一并讲解。

正手挑打标准动作

★**步法移动和站位**：通常使用单步和跨步，迈出右脚，使身体向右前靠近球台。

★**引拍**：拍面略向外侧撇，拍形立起。

★**挥拍击球**：利用身体的前迎增加挥拍速度。拍向下伸，击球前再向上挥。在来球的高点期击球，触球时，手腕发力挑打球的中部。

★**还原**：由于身体过于贴近球台，在挥拍击球后要注意身体快速还原。

正手挑打标准动作要点

★步法移动快速，站位合理。

★动作要适当放松，尤其是腕关节的肌肉，更要适当放松。

★击球发力要突然，力量要集中。

横拍		直拍	
引拍	挥拍击球	引拍	挥拍击球

△ 横拍反手挑打

横拍反手挑打技术标准动作

★ **步法移动和站位**：两脚开立，右脚在前，使身体靠近球台，找好击球位置。

★ **引拍**：球拍略后引，向台内伸去，拍面稍后仰，手腕稍下垂，肘关节略前顶。

★ **挥拍击球**：利用身体的前迎力量挥拍，击球以肘关节为轴，在来球的高点期击球的中上部，击球时以手腕发力为主，动作要干净有力。

★ **还原**：击球后快速还原。

横拍反手挑打技术标准动作要点

★ 身体前迎要及时合理。

★ 手腕要适当放松，以弹击的方式发力。

★ 力量要集中。

站位

引拍

挥拍击球

△ 直拍反手挑打

直拍反手挑打技术标准动作

★ **站位**：两脚开立，左脚在前，右脚在后，双膝微屈，收腹，含胸，身体稍前倾。

★ **引拍**：眼睛注视来球，右脚上步，同时向左侧前下方引拍。

★ **挥拍击球**：挥拍击球时，前臂向前，在台内右前方快速拨球，手臂向前挥动顺势收住。

★ **还原**：击球后快速还原。

| 站位 | 引拍 | 挥拍击球 |

直拍横打技术
Penhold Backhand Skill

　　直拍横打的出现和发展，弥补了传统直拍反手位进攻能力不足的缺陷，是现代乒乓球直拍运动员必须掌握的一项技术。

直拍横打标准动作

★**握拍**：相对于通常的直拍握法而言，运用横打时拇指要往里握得深一点，适度用力压拍，而食指则略为上移至球拍边缘处，稍微放松，使球拍背面前倾。握拍不能太紧，以免影响拍形的调节，拍背后的其余三指略微伸开一些，这样有利于发力和稳定拍形。

★**站位**：上身重心放低，左脚前，右脚后，前臂抬起，自然放松。

★**引拍**：腰部左转，带动手臂引拍，前臂及手腕内收。

★**挥拍击球**：向右转腰，带动手臂自然迎前，在来球的上升期向前上方击球，击球瞬间，前臂及手腕向外展，触球的中上部。

★**还原**：击球后快速还原。

| 站位 | 引拍 | 挥拍击球 1 | 挥拍击球 2 |

乒乓球运动损伤与防治

Prevention and Cure of Sports Injury of Ping-Pong

　　体育运动参加者在运动过程中身体、器官受到的损伤，被称为"运动损伤"。从医学的角度考虑，主动预防运动损伤与损伤后及时、正确的处理是非常重要的。同样，了解乒乓球运动中常见的运动性损伤、运动性损伤产生的原因，以及基本的防治方法，对顺利地参与和开展乒乓球运动是十分有益的。

乒乓球运动性损伤的常见部位

上肢	下肢	躯干
肩关节、腕关节、前臂、肘关节	踝关节、小腿、膝关节、大腿	腰部、背部、头颈

乒乓球运动性损伤产生的原因

准备活动方面原因	局部负担方面原因	生理心理方面原因
1. 不做准备活动	1. 单一技术动作练习过多	1. 思想重视不够
2. 准备活动方法不正确	2. 技术动作合理性差	2. 身体的兴奋和抑制不平衡
3. 准备活动不充分	3. 用力过大	

★乒乓球运动损伤临时处理的基本方法
- 冷却（用冷水或冰袋进行冷敷）。
- 固定（用绷带或毛巾进行包扎）。
- 抬高受伤肢体（把受伤的肢体抬高到比心脏高的位置，以防止内出血）。
- 尽快到医院进行专门性的治疗。

第五章

乒乓球
制胜战术

Winning Strategies in Ping-Pong Matches

　　根据双方实力对比，选择克敌制胜的战斗方法，"以己之长，攻彼之短"，达到胜利的目的，这个克敌制胜的方法就是"战术"。本章逐一解析乒乓球制胜战术的精妙之处，运用得当即可达到出奇制胜的效果。

乒乓球运动意识，是指运动员在乒乓球教学训练和比赛中的一种具有明确目的性和方向性的自觉的心理活动。它有 35 种之多，包括判断意识、盯球意识、移步意识、还原意识、战术意识、落点意识、旋转意识、速度意识、变化击球节奏的意识、抢攻意识、凶稳结合的意识、创新意识等。乒乓球意识的最显著特点是它的能动性。

△ 判断意识

对付不同的来球，应用不同的打法。若想打好球，首先应对来球做出及时、准确的判断。这是正确还击来球的前提。

△ 盯球意识

盯球，是正确判断的基础。不少人对来球判断不及时或错误，都是因为盯球不够。运动员每打完一板球后，都应随球密切注视对方击球的动作（尤其是击球瞬间的动作），并紧盯对方击出球的弧线。

△ 移步意识

对方来球落点和节奏不定，为确保在最佳的位置和时间击球，或最大限度地发挥个人的特长技术（如反手位用侧身攻），必须移步击球。应明确，打乒乓球绝不是单纯的手法问题，随着技术水平的提高，脚步移动的重要性将越来越明显，它是争取主动、抢先进攻的有力保证。

△ 还原意识

每打完一板球后，应迅速调整重心，将身体尽量还原至接近准备姿势，为还击下一板球做好准备。每打一板球，都要对整个击球动作有清晰的肌肉感觉和印象，尤其是球拍触球瞬间的发力情况应该清清楚楚。打丢一板球，应立刻回忆动作，如哪儿错了？怎样才算正确？随着技术水平的提高，思索还应越来越细。如攻球出界了，出界多少？刚才的击球动作为什么把球打出界这么远？有了这种意识，才会有收获。

△ 战术意识

战术意识有两层含义。一是注意研究在比赛中运用战术的方法，因为只有合理地运用战术，才能使技术充分发挥。二是在训练中应带着战术意识练技术。拿最简单的右方斜线对攻为例：有人在练习右斜对攻时，能把比赛中的打大角和攻追身的战术联系起来，有意打大角度或时而打对方中路一板；另一人只是一味地攻斜线。很明显，前者带着战术意识练习技术的效果更好。

△ 落点意识

训练中，特别是在比赛中，要注意击球的落点。一般情况下，大角度球、追身球、近网短球、底线长球和似出台未出台的球的落点较好。但不同对手还会因其打法和个人掌握技术的情况，有其特殊点。如左推右攻者，一般最怕反手底线下旋球和调右压左的落点变化。比赛中，既要研究自己打球的落点，对方最怕什么落点，又要注意总结对方回球落点的规律。

△ 旋转意识

要充分认识到旋转是乒乓球的重要制胜因素之一。在训练中，要自觉地提高发球、搓球、拉球、放高球等技术的旋转强度和变化；在比赛中，要善于利用旋转变化来扰乱对方，以至于战胜对方。

△ 速度意识

应充分认识到速度是中国运动员快攻打法的灵魂。中国选手战胜外国选手，主要靠的是速度。提早击球时间，重视手腕、手指的力量，能快则快，不能快时，先过渡一板，争取机会再转入快。

△ 变化击球节奏的意识

比赛中，不仅应主动变化落点、旋转等，而且应主动变化击球的节奏。如原来都是上升或高点期的抢冲，现主动将击球时间后移，拉一板上旋强烈的加转弧圈球，对方已熟悉了你原来快冲的节奏，突然变成慢一拍的加转弧圈，往往就会上当；又如，同一类发球，有节奏较慢的，有节奏特快的，若能保持球拍触球前的动作尽量一致，则效果更好。这都是有变化节奏意识的表现。

△ 抢攻意识

这是积极主动的指导思想，力争抢攻在先（即平常说的"先上手"），能抢则抢，实在不能抢时，控制一板，争取下板抢。这种意识很重要。如有人的侧身攻球技术很不错，但就因缺乏抢攻意识，就会使他的侧身攻球技术无用武之地。在弧圈球风靡世界的今天，快攻者只搓一板就攻的打法，即是抢攻意识强的表现。

△ 凶稳结合的意识

乒乓球的技术各种各样，每个人的打法又各具特点，但凡在比赛中有实用价值的技术，无不同时具备威胁性（凶）和准确性（稳）。威胁性，即打出的球给对方回球造成困难，甚至使对方失误；准确性，即击球不失误。二者相互依存，并在一定的条件下可以互相转化。我们在训练或比赛中，一定要注意二者的结合，决不可以偏概全。

△ 创新意识

无论是教练员还是运动员，都要十分重视创新。乒乓球运动的创新，应包括技术、战术、打法、训练、管理、器材设备和理论等七个方面。运动员主要注重前四个方面。

正确的乒乓球意识，就是正确的指导思想。运动员有了好的意识，训练效率就高，整体竞技能力提高得就快。一般来说，技术上的问题看得见摸得着，比较容易发现或解决；而意识问题，平时不易发现，一旦明显暴露，再想解决就难了。意识好，可以大大提高训练的效率，可以练就比赛中真正需要的并在比赛中又能运用到的技术；意识不好，训练的盲目性就大，往往事倍功半，甚至适得其反。乒乓球意识，在一定意义上就是使我们在训练中免于误入歧途的指路明灯。

发球抢攻战术
Attack After Service

　　发球抢攻战术是以旋转、线路、落点，以及速度不同的发球来增加对方回击的难度，使其出现机会球，或降低回球质量，然后抢先进攻，以争取主动或直接得分，这是乒乓球所有打法，特别是进攻型打法的主要战术和得分手段。各种类型打法的运动员都普遍采用发球抢攻来抢占每个回合的上风。发球战术运用的效果主要取决于发球的质量和第三板进攻的能力。发球抢攻是中国乒乓球直板快攻打法的"撒手锏"。

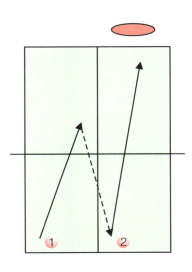 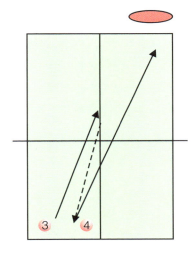

●**发球抢攻战术**
①**反手发球**
②**正手位进攻**
③**反手发球**
④**正手侧身位进攻**

★注意提高发球的质量，将旋转、速度和落点的变化结合起来，同时，要特别强调发球技术的创新，为抢攻创造更多的机会。当前，应特别注意克服发球种类单一的现象，不要一发球就是"清一色"的高抛、发球落点只短无长。

★注意发球与抢攻的配合。发球时，应明确对方可能会怎样接、接到什么位置、自己怎样抢攻等。如弧圈球运动员在与快攻型运动员对阵时，往往将球发至对方的反手位，然后抢拉弧圈球，则十分有利。如果快攻运动员把下旋球发至弧圈球运动员反手，对方或接发球抢拉、或搓一板强烈下旋至快攻运动员反手时，快攻运动员就会显得被动。

★注意发球抢攻与其他战术的配合，现在运动员的接发球水平越来越高，有时接过来的球很难抢攻。此时，可先控制一板，争取下一板抢攻。不能发球后只想着抢攻，一旦没有机会或盲目抢攻，只能形成相持的被动局面。

★抢攻时要大胆果断，不论对方用何种技术接发球，自己应都能抢攻。抢攻的技术好，可以增加发球的威力。因为对方在接发球时顾虑多，就容易出错，给己方制造机会。

★发球要与运动员本身的特点、特长配套，才能起到相应的效果。

★每个运动员应具备两套或更多特别突出的发球抢攻技术。

战术术语释义
Interpretation of Tactical terms

①快点：常用于对付近网短球，击球时站位靠近球台，根据来球的旋转调节拍面和触球部位。回接上旋球或不转球时，拍面稍前倾，触击球的中上部；回接下旋球时，拍面稍后仰，摩擦球的中下部。

②反带：一项在近台反攻对方弧圈球的技术。两脚间距不宜过小，重心和球拍都保持在腰部的高度，击球动作类似往前平移，击球点保持在身体前方，还原动作要快。

③反撕：一项在近台反攻对方弧圈球的技术。要求击球者以球拍的正面迎球，在接触球的瞬间转动拍头，以保证回球带有比较强烈的上旋，具备一定的进攻性，同时借对方来球的力量摩擦来球，进行反击。

④劈长：击球者回击长球到对方球台的底线附近，使对方无法获得上手进攻所必需的引拍距离，从而遏制对方高质量上手。

⑤高吊：弧圈球的一种，用于对付下旋力较强的来球。引拍时，执拍手臂自然下垂，将球拍置于靠近臀部的位置，右肩略低于左肩。击球时，上臂带动前臂快速向前上方挥动，拍面垂直，在来球的下降后期摩擦球的中部或中下部。

⑥快拉：俗称"小上旋"，主要用于对付下旋长球或中台球，是一项对付削球选手的重要技术。它具有速度较快、动作较小、线路灵活的特点。当来球下旋较强时，拍面稍后仰，击球中下部；当来球下旋较弱时，拍面接近垂直，击球中部。

⑦劈切：属于辅助性防守技术，常用于对付弧圈球，具有较强的节奏变化和旋球变化的特点，可为攻防转换创造条件。要求在来球的上升期或高点期击球的左侧中上部，向左侧前下部摩擦，击出去的球具有左侧下旋的特点。

⑧拱：搓攻时常用的一种技术，以拍面触球的中下部将球推出，可以使回球发飘，左右晃动。在接发球或对搓中运用拱球，往往能使对手措手不及，发生回球失误。

　　接发球战术与发球抢攻战术同样重要，从某种意义上讲，接发球水平的高低可以反映运动员的实战能力，以及各项基本技术的应用程度。事实上，接发球者只是暂时处在被控制状态，如果你破坏了发球者的抢攻意图或者为他制造了障碍，减弱了对方抢攻的质量，也就意味着已经脱离被控制状态，变被动为主动了。

★力争积极主动，克服单纯求稳的思想，能攻的要攻，能撇的要撇，尽量少用搓球。应增强用正手侧身接发球的意识。特别是实行 11 分制和无遮挡发球后，更应强调接发球的主动性。

★最大限度地控制对方的发球抢攻，在此基础上，应争取为下一板球（第四板）的进攻制造机会。

★接发球后，要有防御的准备，一旦被对方抢攻，应具备从被动转主动的意识和能力。

△ 接发球战术要点

接发球抢攻

　　这是最积极主动的接发球方法。遇对方发的短球，可用快点；遇对方发的长球或半出台球，可抢攻或抢冲。

　　运用此战术，一定要反应快。首先应判断清对方发球的旋转和落点，并迅速移动步法，以保证在合适的击球点位置和击球时间击球。

将第二、第四板球连为一体

　　11 分制的接发球，应想得更细，应把接发球这一板球与下板球连为一体。

　　具体方法有三：一是接发球（即第二板球）先挑或点一板，第四板球再抢攻；二是先控制一板至对方抢攻的薄弱处，争取第四板球自己抢攻；三是先控制一板，待对方拉弧圈过来再反冲（或反带、反撕）过去。第四板球一经上手，就应树立连续进攻的意识。

以摆短为主，结合劈两大角长球，争取下一板主动先上手或抢攻

此法主要用来接对方发的强烈下旋或侧下旋短球，以及突然发至自己不擅长进攻的位置的下旋长球。对方发侧上或不转球时，不宜用搓回接，以免接过高球被对方抢攻。另外，在接对方发的近网短球时，还可运用撇一板的方法。

稳健控制法

一般为攻对削、削对攻或削对削时采用。拉、推、拱、搓、削等技术的运用都应视对方发球而定。运用这些技术虽较稳健，但需加强变化和落点、弧线的控制，避免被对方抢攻。

正手侧身接发球

侧身接发球，不仅有利于发挥正手攻球的优势，而且还能在很大程度上避免对方的发球抢攻。因为人们有一种习惯，一看对方侧身，就会下意识地防御，只想招架，无心进攻。

△ 接发球战术具体运用方法

★晃接：击球瞬间利用身体的晃动，将球半推半搓至对方反手，略带侧旋。因其比搓快、比挑稳，对方往往来不及抢攻（冲）。接球落点，最好是对方反手的小三角及半出台的大角度。

★撇或劈长一板，迫使对方拉高吊，自己反拉或攻打。

★快摆短球。过去习惯于反手快摆，现在侧身正手摆短，对方不适应，故很难抢攻。摆短弧线要低，拍形稍竖，身体前迎，手臂向下用力，不要前送。

★快点、快拉长球。强调在上升前期击球，因其速度快，故正手空当较小。

★抢攻（冲）。半出台球，改变以往拉高吊弧圈球的保守接法。

搓攻战术是进攻型打法的辅助战术之一，这一战术在业余比赛中被普遍采用。主要运用"转、低、快、变"的搓球控制对方，以寻找战机，然后采用低突、快点或拉攻等技术展开攻势并进入连续进攻。在搓球中遇到机会球时进行扣杀，常常带有突然性，往往可以直接得分。搓攻战术是乒乓球各种打法都不可缺少的辅助战术。

△ 搓攻战术要点

搓对方进攻的薄弱环节，自己抢先进攻

摆短、劈切大角度、控制对方反手等等，总之是搓至对方进攻的薄弱环节，限制对方的进攻，之后自己争取抢攻。

先搓反手大角，再变直线，伺机进攻

主要用来对付不擅长反手进攻的运动员。先逼住对方反手大角，视其准备侧身攻或将注意力都放在反手后，就变线至其正手，伺机抢攻。

搓转与不转后抢攻

搓强烈下旋球后配合假动作不转球，给对方的抢攻制造困难，自己伺机起板。这里应特别指出，对高水平的运动员来说，单纯的旋转难以控制住对方进攻（包括抢拉、抢冲和抢攻），所以旋转变化必须结合落点控制。

下旋转为上旋

★搓中。先拉一板弧圈或小上旋，迫使对方打快攻。
★搓中突击。直拍正胶快攻运动员，在遇到旋转不特别强烈或位置比较合适的搓球时，应大胆运用搓中突击或快点的技术，由此而转入连续进攻。
★搓中变推。遇对方搓过来的不转球（包括长胶、防弧圈球拍搓过来的球），直拍进攻型运动员可用推挡应对，由搓变推，转为快攻。
★两名削球手或一攻一削相遇，对搓中拉或拱一板，之后转为拉攻或拉搓吊结合，再依具体情况实施相应战术。

对攻战术是进攻型打法在相持阶段常用的一项重要战术。快攻类打法主要依靠反手推挡（或反手攻球）和正手攻球（或正手拉弧圈球）的技术，充分发挥快速多变的特点来调动对方。

△对攻战术要点

压对方反手，伺机正手攻或侧身攻

★一般用于对付反手较弱或进攻能力不强的对手。

★压住对方反手时，可用推挡、反手攻或弧圈球。

★压住对方反手准备侧身前，应主动制造机会，或突然加力一板，或攻压一板中路，或攻压一板大角度，尽量避免盲目侧身。

压左调右（亦称"压反手变正手"）

★自己反手不如对方时，主动变线，避实就虚。

★对方侧身攻的意识极强，用变正手的方法，既可偷袭空当，又可牵制对方的侧身攻。

★对付正、反手交换摆速慢者及脚步移动慢者，或正手位攻击力不够强的选手，可反复变线至对方正手，令其暴露弱点，出现空当，形成被动或失误。

★自己正手好，主动变到对方正手后伺机正手攻。

★自己反手攻击力很强，可在变对方正手位时直接得分或取得主动。

★左手执拍的选手用此战术较多，因变线的角度大，右手执拍的选手往往被动。

★变线的这板球应有质量，如推挡变线应凶一点，这样对方跑过去难于发力，自己侧身抢攻就容易。

★避免习惯性变线，被对方适应，反变被动。

★应是主动变线，切忌被动变线，否则易给对方提供抢攻的机会。

压左等右（紧压对方反手，等着对方变线，自己用正手抢攻）

多在对方采用压左调右的战术时使用。运用此战术时，压对方反手要凶些，否则对方变线较狠，自己往往被动。

以上三种战术经常结合运用。如：对方反手较弱或准备不足时，先用压对方反手的战术；但对方注意了反手，或增多了侧身攻后，就应改用变对方正手的战术；而当自己在反手位得利后（包括侧身攻），对方往往会频频变线至其正手，此时自己又应采用压左等右的战术。

调右压左

先打对方正手，将其调到正手位并被迫离台后，再打其反手位。注意，调正手位的这板球要凶，否则易遭对方攻击。

★对方左半台进攻能力较强，压对方反手位不占便宜时采用，如我国快攻选手在对付擅长侧身抢攻（冲）的单面攻选手时常采用此战术。

★对付正手位进攻能力不很强，或反手位只能近台、不善离台的直拍快攻选手。这是目前欧洲选手对付不会反手攻球的直拍快攻手的主要战术。

★调正手要有胆量和实力。许多人的正手弱点，需要几个来回后才能暴露，不是一板球就能见效的。

压中路配合压两角

★对付不擅长侧身的两面攻或两面拉选手最为有效。

★压中路，最好能加减力相结合。一般应先用加力推（攻）将对方压下去，再用减力挡将其"吸"上来，然后伺机扣杀。如果仅有减力挡而无加力推（攻），就容易招致被动。

★若对方正、反手技术实力差别较大时，还可将压中路与压其技术较弱的一面相结合。

★如果对方虽为两面攻（拉）选手，但遇中路来球习惯于侧身攻者，最好将压中路与调正手结合运用。如第3届亚乒赛时，郭跃华（第36、37届世乒赛男单冠军）对阵河野满（第34届世乒赛男单冠军）的比赛，河野满为两面攻选手，郭跃华先压其中路，伺机冲杀反手或中路。之后，河野满改为频频侧身进攻，郭跃华又及时调其正手，河野满又移位偏中，郭再压其中路，直至获胜。

正手全台抢功

充分发挥正手攻球优势，能侧身攻即侧身攻，力争正手全台跑动抢攻。此为拼杀时的常用战术。

拉攻战术是以攻为主的选手对付削球的主要战术，即用拉球（包括一般拉球、小上旋和弧圈球）找机会，然后伺机突击（包括扣杀和抢冲）。为了发挥拉攻的战术效果，首先要具备连续拉的能力，并有线路、落点、旋转、轻重等变化；其次要有拉中突击和连续扣杀的能力。

△ 对攻战术要点

拉一角，杀另一角或中路，或运用自己的特长线路

一般拉对方削球较弱（不稳或旋转变化不大）或反攻不强的一角，这样既容易寻找扣杀的机会，又可以避免或减少对方的反攻。若削球选手使用的是两面不同性能的球拍，一般以拉对方长胶或防弧的一面为主。因为长胶或防弧等球拍主动变化旋转的能力不强，易掌握其旋转规律，较容易适应。扣杀另一角，迫使对方必须移步扑救，可加大对方接球的难度。中路可以说基本上是所有削球手的弱点，扣杀中路很容易得分。扣杀比拉球的技术难度大，但运用自己扣杀的特长线路，保险系数相对来说就大，尤其是在关键比分或攻球选手心情比较紧张时，运用自己的特长线路往往更为保险。

拉中路杀两角或拉两角杀中路

中路球因受身体妨碍不好削接，更难以变化旋转，故拉中路容易为突击制造机会，特别是对付站位近、逼角凶的削球选手，效果更好。杀两大角，迫使对方疲于奔命，而技术难度又比杀中路或直线球要小。

拉两角，适于对付正、反手两面削球技术差不多但步法不是太好的选手，使其在跑动中暴露缺点，给自己创造扣杀机会。一记中路追身扣杀，往往能直接得分。

拉斜杀直或拉直杀斜

这两种战术各具特点。拉斜线，比较保险和稳健；杀直线，突然性强且速度快，但技术难度较大。拉直线，仅从线路讲，技术难度较大，但拉球本身技术难度小，较稳定；杀斜线，较之杀直线容易得多，命中率也高。比赛中，具体采用哪种战术，还需依对方和个人的情况而定。一般来说，拉斜杀直比拉直杀斜战术运用得多。在关键时刻，若攻球者心理紧张，为保险起见，可改拉斜杀直为拉斜线杀中路或自己的特长线路。

变化拉球旋转，伺机扣杀

利用拉球旋转的变化增加削球的难度。弧圈球运动员可拉真（强烈上旋）、假（似拉加转弧圈球的动作，拉出不转的球）弧圈球，高吊、前冲及侧旋弧圈球。一般拉球者可拉上旋和侧上旋球，还可变化拉弧线稍高、落台后向前跳的上旋球和弧线稍低、落台后向下钻的下旋球，利用拉球弧线的变化为突击制造机会。

拉侧上旋球，对付近台站位、擅长逼角的运动员格外有效。在第 25 届世乒赛上，容国团在团体赛中败于匈牙利老将西多，但在单打决赛中，容国团使用拉侧上旋球至西多中路的战术获得了成功。因为球落台后向右拐，正好落到西多的追身处，使其很不适应。最后，容国团以 3：1 战胜了西多，为我国夺得了第一个世界冠军。

拉长球配合拉将出台的球，伺机突击

在具体运用中，可有两种方法：

★先拉长球至对方端线处（包括小上旋和弧圈球），使对方后退削球，再突然拉一板中路偏右的短球（将出台），使对方难以控制而削出高球，突击得分。

★先拉将出台的轻球，再发力拉接近端线的长球，使对方因来不及后退而削出高球或失误。

若能拉出将出台的强烈上旋的弧圈球，再配合前冲的长球，则效果更好。

拉搓、拉吊结合，伺机突击

此战术的意图是使削球运动员在前后移动中出现错误，为攻球运动员制造突击的机会。但在实际比赛时，一定不要搓、吊过多，否则自己越搓（吊）越软，对方还会利用此机会反攻。

为防对方的反攻，搓和吊球的弧线一定要低并讲究落点。一旦对方反攻后，应坚决回击好第一板，使其难于连续进攻。

拉、搓、拱结合，伺机突击

此战术多为一面使用长胶、一面使用反胶球拍的运动员在对付削球打法时运用。一般先用弧圈球（包括小上旋及一般拉球）将对方拉退台去削，然后用搓球又将其引上台来，对搓中再突然用拱球找机会，伺机发力突击。

弧圈球战术
Attack by Loop Play

弧圈球包括直拍弧圈球结合快攻和横拍弧圈球结合快攻两种。其特点是中台或中近台站位，以拉弧圈球为得分的主要手段。弧圈球战术能够把速度和旋转有效地结合起来，稳定性好，适应性强。现在，许多著名选手已经用它去代替攻球或扣杀。

△ 对攻战术要点

发球抢拉战术

正手（或侧身）发强烈的下旋球至对方左侧近网处，迫使对方以搓回击，然后拉加转弧圈球到对方反手或中路；反手发右侧上、下旋球至对方中路偏右或偏左的地方，然后拉前冲弧圈球至对方两大角；反手拉急下旋球至对方偏右或左大角，当对方以搓球回击时，拉前冲弧圈球至对方正手。一般用速度快、落点长的球，使对方退守，然后根据对方的站位和适应弧圈球的能力，决定拉哪种弧圈球攻击对方。

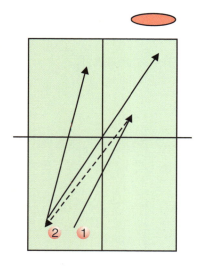

● 发球抢拉战术一
① 发短球至对方左半台近网处
② 用正反手拉加转弧圈球到对方反手或中路

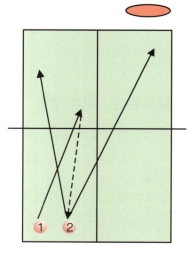

● 发球抢拉战术二
① 发短球至对方中路近网处
② 用正手抢拉前冲弧圈球至对方两大角

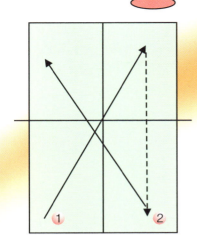

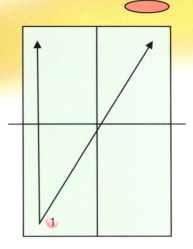

●发球抢拉战术三
①发长球至对方左大角
②用正手抢拉前冲弧圈球至对方正手

●发球抢拉战术四
①发两个大角度长球再用正手抢拉

接发球抢拉战术

　　接发球抢拉战术是与发球抢攻战术相抗衡的一项战术，其目的就是攻在前面，破坏对方发球抢拉战术的运用，自己则争取主动直至最后胜利。当对方发侧上旋球和不太转的球时，用前冲弧圈球回击；当对方发侧下旋球或强烈下旋球时，用拉加转弧圈球回击。

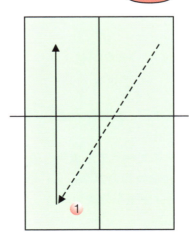

●接发球抢拉战术
①用侧身前冲弧圈球
或拉加转弧圈球回击

对攻相持战术

在对付从两面进攻的打法时，应充分利用正手拉弧圈球攻其中路，再压其反手或突击正手；对左推右攻打法时，可先以弧圈球拉住对方左角，然后转拉中路靠右或正手；如果对方正手攻弧圈球技术较差，可连续拉、冲对方正手，再转攻反手。

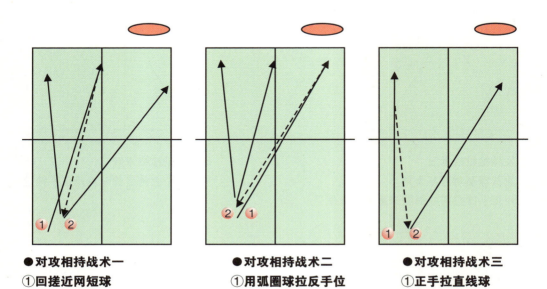

●对攻相持战术一
①回搓近网短球
②用正手抢拉弧圈球至对方反手

●对攻相持战术二
①用弧圈球拉反手位
②用正手拉中路或正手位

●对攻相持战术三
①正手拉直线球
②正手反攻对方反手位

◎邓亚萍（Deng Yaping）

出生日期：1973 年 2 月 6 日

技术特点：右手横握球拍，擅长快攻结合弧圈打法，完美的技术和积极的跑动弥补了自身先天条件的不足。

辉煌战绩：邓亚萍是乒乓球历史上最伟大的女子运动员之一，一共获得 18 项世界冠军，其中有 4 项奥运会冠军，在乒坛世界排名连续 8 年保持第一，是第一个蝉联奥运会乒乓球冠军的运动员。

△弧圈球结合扣杀战术要点

　　用前冲弧圈球迫使对方远台回击，然后放短球，再扣杀；用拉加转弧圈球与不转球相结合，伺机扣杀。

●弧圈球结合扣杀战术

①正前冲弧圈球

②放短球

③拉转与不转弧圈球

④用正手扣杀

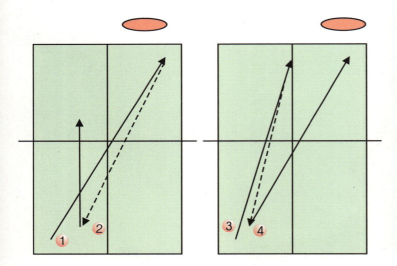

◎张怡宁（**Zhang Yining**）

出生日期：1981 年 10 月 5 日

技术特点：右手横握球拍，两面反胶，擅长弧圈结合快攻打法。球风硬朗，打法凶狠，是继邓亚萍、王楠之后的第三代"乒坛一姐"。

辉煌战绩：2004 年雅典奥运会蝉联女子双打（与王楠）冠军，并夺得女单冠军；2005 年夺得第 48 届世乒赛女单冠军，实现世锦赛、奥运会和世界杯的大满贯；2008 年北京奥运会与队友夺取女子团体冠军，并成功卫冕女单冠军。

左推右攻战术
Backhand Block with Forehand Attack

　　左推右攻是以近台正手攻球为进攻，以反手推挡为防守和助攻的主要手段，其风格是"快、准、狠、变、转"。当推挡略占上风时，或在侧身抢攻获得成功后，对方往往会主动变线到正手，此时应以有力的正手攻球进行回击；主动推变直线，引诱对手回斜线，用正手攻直线反袭对方空当。有时可伴装侧身，诱使对方变线，给自己创造正手回击的机会。

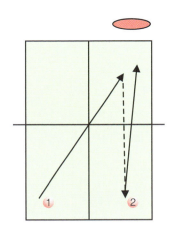 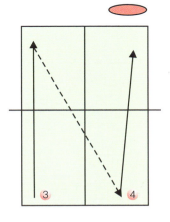

● 左推右攻战术要点
① 反手推斜线
② 正手攻直线
③ 反手变推直线
④ 正手攻直线

◎ 张继科（Zhang Jike）

出生日期：1988 年 2 月 16 日

技术特点：以逆向发球为主，将反手侧拧技术发挥到极致，拥有令对手惧怕的冲劲，别号"藏獒"，仅用 15 个月时间成就世锦赛、世界杯、奥运会三项冠军大满贯，成为中国男乒历史上继刘国梁和孔令辉之后第三位大满贯运动员。

辉煌战绩：2011 年鹿特丹世乒赛男单冠军；2011 年巴黎乒乓球世界杯单打冠军；2012 年世界乒乓球团体锦标赛冠军；2012 年伦敦奥运会乒乓球男单冠军；2013 年巴黎世乒赛男单冠军；2014 年德国乒乓球世界杯男单冠军；2016 年里约奥运会男团冠军。

削攻结合的特点是：由削球和攻球结合而成，常以逼对方两个大角加转削球为主，伺机反攻；或以转、低、稳、变的削球，迫使对手在走动中拉攻，使其回球质量不高，从中寻找机会反攻。这种战术有"稳、逼、变、凶、攻"的特点，是攻、削结合打法的主要战术。

△ 削攻结合战术要点

★ 正、反手削对方两个大角长球，结合正、反手（或侧身）反攻。

★ 正、反手削球逼对方两个大角（即落点逼近对方球台的左、右角），结合正手攻或侧身攻对方主侧空当。

△ 削攻结合战术注意事项

★ 正、反手削球都要注意旋转强度的变化。在削加转后用与削加转球相似的手法削不转球，迷惑对方，使对方拉出高球，伺机反攻。

★ 削球逼角时要适当配合削另一角，调动对方，使对方在走动中击球。

★ 削球时要尽可能压低弧线，以避免对方大力扣杀或突击，给自己造成被动。

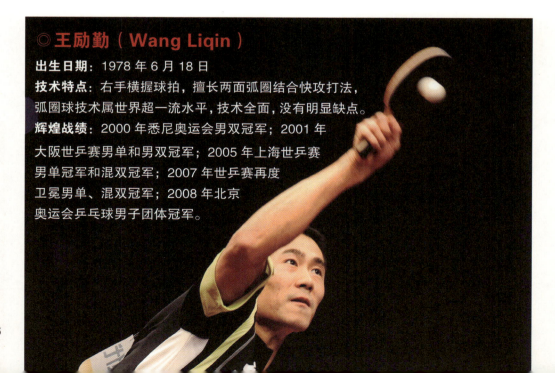

◎ 王励勤（Wang Liqin）

出生日期：1978 年 6 月 18 日

技术特点：右手横握球拍，擅长两面弧圈结合快攻打法，弧圈球技术属世界超一流水平，技术全面，没有明显缺点。

辉煌战绩：2000 年悉尼奥运会男双冠军；2001 年大阪世乒赛男单和男双冠军；2005 年上海世乒赛男单冠军和混双冠军；2007 年世乒赛再度卫冕男单、混双冠军；2008 年北京奥运会乒乓球男子团体冠军。

扣、拉、吊结合战术
Combination of Smashing, Lifting and Dropping

扣、拉、吊结合的特点是：由拉攻战术与放短球相结合而成，是快攻型打法对付削球打法时常用的战术。

△扣、拉、吊结合战术要点

★在拉攻战术的扣杀或突击后放台内短球（扣杀或突击后，对方退台较远，放短球可以调动对方）。

★在拉攻战术中放短球后，结合扣杀或突击（放短球后，对方站位靠前，扣杀或突击容易得分）。

△扣、拉、吊结合战术注意事项

★拉攻中放短球，应选择在对方站位较远并且来球比较近网时进行，这样，放短球的落点靠近球网，可增加对方向前移动的距离和回球难度。

★放短球后有机会扣杀时，如果对方靠台极近，可对准对方身体方向扣杀，这样，对方往往难以让位还击。

◎马龙（Ma Long）

出生日期：1988 年 10 月 20 日

技术特点：打法先进，球感极佳，借力打力，其中远台攻防技术非常突出，是一位欧洲中远台和亚洲近台打法结合的球手。

辉煌战绩：2006 年世锦赛团体冠军；2008 年世锦赛团体冠军；2009 年世界杯团体冠军；2012 年世界杯男单冠军；2015 年世界杯男单冠军；2015 年世乒赛男单冠军；2016 年里约奥运会男单冠军；2017 年世乒赛男单冠军；2019 年世乒赛男单冠军。

△ 直拍左推右攻打法的主要步法

　　直拍左推右攻打法近而偏左，经常左脚在前，右脚稍后，随时准备发挥正手攻球和侧身攻球的威力。左右小范围快速移动最多，也适当配合较大范围的左右移动和前后移动，故以跳步、跨步为主，结合单步、并步、侧身步与交叉步。

△ 两面攻打法的步法

　　两面攻打法站位近，稍偏左，两脚交替在前或平行站立，常用单步向左或向右让开身体，进行左右开弓。步法以单步及小范围的跨步和跳步为主，配合其他步法。

△ 两面拉弧圈打法的主要步法

　　两面拉弧圈打法站位离台稍远，击球动作幅度较大。进攻或防守时需要照顾较大的范围，故步法是以交叉步和跳步为主，配合跨步等其他步法。

△ 快攻结合弧圈打法的主要步法

　　快攻弧圈球打法，快攻时离台较近，以跳步、跨步为主，结合其他步法；转为弧圈球打法时，则需以交叉步和跳步为主，结合跨步等其他步法。

△ 削攻结合弧圈打法的主要步法

　　削攻结合打法一般站位离台较远，多在球的下降期击球，同时还时常由防守转为进攻，或由进攻转为防守，需要照顾和移动的范围很大，故步法移动的方式比较多。防守时以跳步和交叉步为主，配合其他步法；转入进攻时以跳步和跨步为主，配合其他步法。

◎ 丁宁（Ding Ning）

出生日期：1990 年 6 月 20 日

技术特点：左手横拍，下蹲式发球，由于她稳定而又强悍的攻防转换能力，以及相持中多变的落点和节奏变化，使其难以被对手撼动，属于最典型的特长突出而无明显漏洞的高水平运动员。

辉煌战绩：2011 年鹿特丹世乒赛女单冠军；2011 年世界杯女乒冠军；2012 年亚洲乒乓球锦标赛女团冠军；2012 年伦敦奥运会女子团体冠军；2014 年东京世乒赛女团冠军；2014 年奥地利世界杯女单冠军；2015 年苏州世乒赛女单冠军；2016 年里约奥运会女单冠军、女团冠军；2017 年世乒赛女单、女双冠军；2018 年世锦赛女团冠军。

第六章

乒乓球双打技术

Doubles Technique of Ping-Pong

参加双打的二人，必须互相信任、合作，在技巧、战术上应充分发挥自己的优点，攻击对方运动员的弱点，掩护同伴的缺点，为同伴发挥其优点创造机会。双打是以单打为基础，但又不完全是两名运动员单打技术之和。因此，要想 1+1>2，就要更进一步地理解乒乓球双打之道。

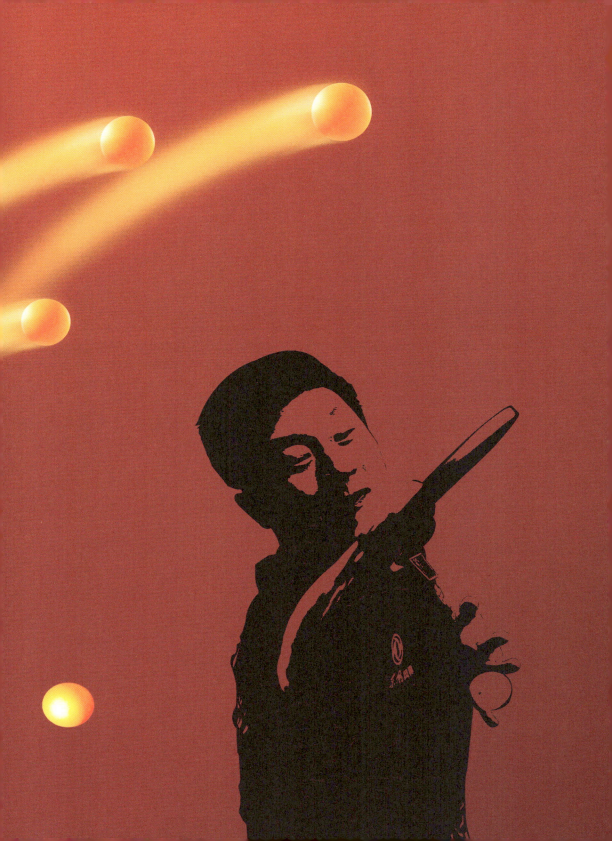

合理的配对是打好双打的重要条件之一。双打的配对，主要应从同伴的打法类型和技术特点方面来考虑。双打的配对还要相对稳定，以便加强同伴间的了解，有利于在练习或比赛时密切配合。

△ 相同打法配对

这种配对，两人打法相似，风格接近，有利于共同发挥技术。

★左推右攻打法的配对。

★两面攻打法的配对。

★快攻结合弧圈打法的配对。

★弧圈打法的配对。

★削攻结合打法的配对。

★长胶拍打法的配对。

△ 不同打法配对

这种配对可充分发挥两人的技术特长，增加对方回接球的难度。

★左推右攻打法和两面攻打法配对。

★快攻打法与弧圈打法或快攻结合弧圈打法配对。

★快攻打法和削攻结合打法配对。

★弧圈结合快攻打法和削攻结合打法配对。

★快攻结合弧圈打法和削攻结合打法配对。

△ 前后站位配对

这种配对便于击球时各自移动位置互不碰撞，技术上也可互相取长补短。在前面介绍的各种配对中，近台快攻打法和中台弧圈打法配对、近台快攻打法和攻削结合打法配对等，都属于这一类配对。

△ 左右握拍配对

这种配对，站位一左一右，可缩小移动范围，避免跑位时相互碰撞，能充分发挥各自正手攻（拉）球的威力，如中国的王楠、李菊组合。前面谈到的各种配对方法，都可以分别选左、右手持拍者配对，正手进攻能力较强的打法和选手采用这种配对方法最有利。

　　双打的站位要便于给同伴让位，避免互相冲撞，利于发挥每个人的特点。主要有平行站位和前后站位两种。

△ 平行站位

　　发球方，发球员站位偏右，让出 3/4 的空间给同伴；接发球方，这一站位方式多为一左一右执拍的进攻型运动员所采用，进攻型运动员用反手接发球时也常采用此种站位方式。

△ 前后站位

　　发球方，多为削球型运动员所采用，发球员站位偏右，其同伴居中稍后站立；接发球方，进攻型运动员用正手接发球时，站位近台偏中，有利于正手进攻，其同伴则稍后错位站立；削球型运动员，无论用正、反手接发球，均以前后站位为宜。

双打的移位应该既有利于自己击球，又不妨碍同伴击球，最好能接近下次击球的最佳位置。

△ "八" 字形移动

左手与右手执拍的进攻型运动员配对，多采用此走位法。两人击球后均向自己反手侧移动，既能确保同伴的击球空间，又有利于发挥自己正手攻球的威力。

△ 环形移动

两名右手执拍的运动员配对时，多采用此走位法。

△ "T" 形移动

一名站位近台与一名站位中远台运动员配对时，多用此走位法。如一名快抽运动员与一名弧圈球运动员相配，一名近台快攻手与一名中远台攻球手配对，一名近台削球手与一名远削运动员配合，一名快攻手与一名削攻结合打法搭配时皆采用此移动法。

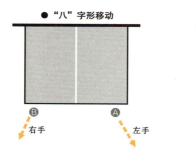

●"八"字形移动

右手　　　左手

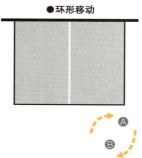

●环形移动

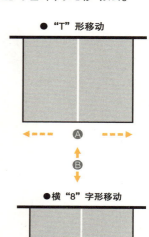

●"T"形移动

●横"8"字形移动

△ 横 "8" 字形移动

对方有意识地针对本方一名运动员交叉打两角时，其移位路线多成 "∞" 字形。

以上只是双打移位的几种基本方法，实践中常常是几种方法的结合运用。比赛中情况千变万化，固定不变的移位方法是没有的，运动员应灵活运用。

　　双打的战术与单打基本相同，但特别强调同伴之间的配合，尤其是前三板的配合。此外，在战术运用中，还可以考虑到对方要二人轮流接发球的特点，制订相应的战术。

△选择有利的接球次序

中签时，优先选择接发球，以选择有利的发、接球次序

★混合双打时，多选择男打女的次序。因为女运动员不仅易吃男运动员的发球，而且还极易被男运动员攻死。但在女运动员使用不同性能或非常规球拍时，亦可选择女打女的次序。因为非常规（如长胶）球拍击过去的球易被男运动员抢攻，而女运动员却往往易吃此球。

★在男双或女双比赛时，还可选择以强打强的次序。弱者的攻击力和控制对方的能力不如强者，甲方强者便于从中寻求机会攻击乙方的强者，使乙方强者的攻击力难以发挥。

★还可选择接对方比较适应的一名运动员的球，打另一名运动员的次序。如甲Ａ特别适应乙Ａ的球路，甲方就应选择甲Ａ接乙Ａ球的次序。

　　若甲方被确定为先发球时（当乙方选择了接发球；或在不了解乙方的情况下，甲方中签选择了发球），应由甲方发球技术好的运动员为第一发球员，以争取开局主动。

△ 发球与发球抢攻战术

双打发球仅限于右半台，所以，对发球就提出了更高的要求。发球落点以近网或似短非短（第二跳不出台）的接近中线的球为好，适当配合近中线的急球。对于准备发球抢攻的一方来说，发球落点不宜过短。因为你短，对方回球往往也短，反而不利于抢攻。若接发球方是左手执拍者，亦可发球至右方近网。如果对方站位过于近台或右手执拍运动员准备用反手接发球时，可发右角奔球。

双打的发球还特别要强调弧线低和出手快，以限制对方接发球抢攻，为己方抢攻制造机会。由于双打的发球规定对接发球方较为有利，所以，双打的发球抢攻难度比单打要大。发球后，既要敢于果断地抢攻，又要有对方接发球抢攻、己方积极防御的准备。即使在抢攻时，也要有两手准备：一是发力抢攻、抢冲；二是发现对方接过来的球难于发力攻时，不宜盲目搏杀，应改用中等力量打对方弱点（或严密控制对方一板），为同伴制造下一板抢攻的机会。

发球抢攻战术包括两种

★发近网下旋转与不转或侧上、下旋球抢攻，应特别注意落点。对方右手接发球者，多发中路近网区；对方左手接发球者，多发右方近网区。
★配合发右侧上旋球抢攻，落点是：对方右手接发球者，多发中路底线区；对方左手接发球者，多发右方底线区。

双打的发球与抢攻是由两人完成的，所以，一定要配合默契。自己发什么球，不仅要告诉同伴（打手势即可），而且还应多为准备抢攻的同伴考虑。如A队员擅长发右侧旋后抢攻，但是B队员习惯于发高抛球，两人配对双打，B发球就应为A考虑要多发右侧旋球。

△接发球抢攻战术

在双打中，应注意对方接球者的站位和动态，以赢得主动。例如：

★如果对方站在右半台发球，可抢攻对方右侧大角度，使对方接球者向右方跨步接球，造成步法的混乱。

★如果对方接球者过早向右移动（准备接右方斜线球），可向对方左侧攻击，造成对方向左返回击球的困难。

双打接发球的技术难度比单打小，应强调积极主动、力争抢攻或为同伴创造进攻机会

遇长球，尽量抢攻或抢冲；遇短球，以点、挑为主，配合摆短或撇一板。若对方擅抢攻上旋球，站位又偏后，接发球则应多摆短。统计表明，国内外优秀双打运动员获胜场次中，接发球和第四板球的得分率大多在50％以上。由此可见，双打对接发球的要求很高，接发球差的运动员不宜配双打。

若对方发球质量极高，实在难以接发球抢攻或抢拉时，可灵活运用以下方法：

★以短对短，给对方发球抢攻制造困难。尤其是回至中路或左方小三角处，效果更好。
长期以来，一直讲从右方近网找机会，目前许多人学会了攻击右方近网球的技术，但左方近网球却还未能引起人们应有的重视。
★回击对方右大角，迫使对方必须交换站位（因为发球者原来是站在右方的）才能击球。
★依据对方下次击球者的弱点，决定接发球的方式和落点。
其击球原则为：尽量争取上手抢攻，但在机会不好时，不可勉强发力抢攻。若对方已抢先上手时，上策为加力推、带、反撕或反冲；中策为控制落点，不让对方从容抢攻；下策是单纯求稳，过去就行。

△ 在相持对攻中，明确谁是主攻手谁是副攻手

一般应选择战术意识强、攻击力强的运动员为主攻手，并在多数情况下由主攻手先发动进攻，力争直接得分或为同伴创造连续进攻的机会。

★对付两个右手直拍的战术：先连压对方第二号运动员的反手大角，再转攻正手大角或攻追身球。

★对付左、右手直拍的战术：连压对方右手握拍者的反手大角，使其不能侧身，转攻正手大角攻追身球。

★对付两个右手横拍的战术：连压离接球者较远一侧的大角，结合突击追身。

★对付左、右手横拍的战术：攻击对方较弱者的较远一侧大角及追身。

★对付一直一横者的战术：攻击直拍的反手大角，及横拍中路追身，再交替攻两角。

△ 控制强者，攻击弱者

无论对方的两人水平如何接近，其攻击力也会有所差别。正确的战术是，严密控制对方的强者，力争对其先行攻击，尽量不给或少给对方主动进攻的机会；而把对方相对的弱者作为己方的突破口，力争在对方身上得分或为下板球的扣杀制造机会。打对方强者时应适当凶狠些，打对方弱者时可凶中带稳。

△ 攻斜线、袭空当

以打两条斜线为主，不仅保险系数大，而且调动对方的角度也大。伺机突袭空当，极易得分。

△ 紧压一角、突袭空当或追身中路

连续攻击对方一角，迫使对方两人挤在一起，伺机打其空当或追身。若能紧压对方较弱的一面，则效果更好。

△ 攻正手、打空当

这是对付不同执拍手配对时的战术。一左一右手配对，一般是左手执拍者站位球台右侧，右手执拍者站位球台左侧，以利发挥他们各自正手攻球的优势。由于他们过多地注意了各自的侧身位，以至真正的正手位反倒由实变虚了。因此，攻击他们的正手位往往可以获得成功。

△ 追打击球员的身体方向，促使对方两人相撞，继而攻打空当

△ 有意识地击球至对方二人各自的弱点处，寻机扣杀

在对攻中，有意变化击球的速度、旋转或弧线（或落点）长短，将球击至对手的弱点处，为扣杀创造机会。

此外，在关键时刻（如决胜局的最后阶段，9 平、10 平……）一般不宜过多、过急地发力，最好能凶中带稳。因为此时双方的心理压力都很大，技术发挥必然受到影响，这时哪方击球的命中率高，哪方便容易获得优势，并取得胜利。但在遇到机会球时（如对方回球高且慢），则应毫不犹豫地发力猛扣或抢冲，争取直接得分。

第七章

乒乓球
日常技术练习

Daily Practice of Ping-Pong

要想打好乒乓球，基本技术的训练是很重要的。本章介绍几种乒乓球基本功和基本技术的练习方法。

△托球

　　右手持球拍于胸前，左手轻轻将球抛起（左手持拍者反之），待球下降至胸部高度时，轻轻向上托球，使球弹至头部高度。熟练后，再用轻重力量交替向上托球。再左右、前后移动脚步托球，以进一步熟悉球性。横拍可转换拍面托球。

△对墙击球

　　持球拍于身前，使球拍略后仰，站位离墙1米左右（抛球方法同上），连续对墙击球。可分为落地与不落地两种。开始时，落点不要高于头部，击墙位置不限，然后，击墙的范围由大到小。熟练后，可有意识地使落点有左、右、高、低变化，击球力量有轻重变化，并逐步将球击到墙上的规定范围。最后练习走动中击球，以进一步熟悉球性。横拍可转换拍面进行练习。

△击吊球

　　把一个乒乓球用线吊起来，使球与练习者的腰部齐高，初学者可用它进行连续击球练习。横拍可转换拍面击球。

△双人持拍传球

　　先在固定位置相互传球，然后，再练习走动中击球。

技术模仿练习
To Imitate the Skills of the Others

△ 手法模仿

初学者一般可先练推挡和攻球技术。练习的时候，先徒手练，后持拍练。开始练习时要尽可能使击球动作符合技术要领，不要求快。当击球动作逐步熟练一些以后，可以做有节奏的练习，就像学做广播体操那样。如果想知道自己的动作对不对，可以对着镜子练习，发现动作有毛病或动作不好看，要及时改正。改动作的过程中可先将动作放慢一些，改对了再逐渐加快。

做手法模仿的时候，不仅手臂的摆动和拍形要正确，而且还要注意腰、腿的动作，以及身体重心的转换和全身的协调用力。这是做好手法模仿练习的关键，也是养成及时移动习惯的方法。

△ 步法模仿

步法模仿可在球台前进行，也可在其他地方进行。练习步法模仿的时候可先练单步，再练跳步、跨步、并步和侧身步，最后练其他步法。步法模仿也要先慢后快，以练会、练对为目的。

△ 手、步法结合模仿

通过手法模仿和步法模仿，对击球动作和步法有了初步的亲身体会以后，可以把击球动作和步法结合起来进行模仿练习。做这种模仿练习时要注意先移步，后击球，以保证击球动作的正确。

上述的各种模仿练习不仅是学习新技术的好方法，也是改进技术和纠正错误动作的好方法。因此，以上的各种模仿练习不仅可在上台练习之前进行，而且在上台练习之后，特别是发现自己的动作不对或者需要改进的时候，要经常进行。

上台练习
Practice on the Table

△ 多球练习法

多球练习可先准备若干个球，越多越好，等球用完了再一起捡。这样练习的时候，捡球的时间就大大减少了，而打球的时间就较多、较集中，故可提高练习的效果。

★把球一个一个抛起，落在本方台面，做各种主要的单项技术动作练习。

★找一个练习伙伴，一人按上述方法练习，一人在对面回击。

★找一个会打乒乓球的人陪练，用多球进行练习。

△ 陪练练习法

请有一定水平的人供球，自己做各种主要的单项技术练习。开始时，一般先练挡球、推球和攻球，并且先做单线练习，待比较熟练后，再做改变线路的练习。陪练练习法最好使用多球，以利于动力定型。当然，即使只有一个球，也比两个都不会打球的人在一起练习学得快些。

多球练习法和陪练练习法是我国乒乓球界创造的行之有效的练习方法，在有了一定水平以后，仍然可以使用这种方法。

接发球练习
Receive Practice

★接发球与发球同时学习，接什么发球，同时学习这种发球的方法。如果发下旋球，就应用搓球或拉球接发球。

★先练习接上旋球，再练习接下旋球，最后练习接侧旋球。

★定线、定区域、定技术（直线、中右区域、搓球）。

★定技术、定线，不定点（推挡、斜线、端线或大角度结合）。

★定技术，不定线（斜、直线交替）。

★用一种技术接一种发球（如用搓球接下旋球，用推挡接上旋球）。

★用多种技术接一种发球（如用搓、拉接下旋球，用推挡或攻接上旋球）。

★向限定的区域回接，完成好击球的力量、旋转和弧线要求，提高控制能力。

推挡球练习
Block Practice

△ 左推右攻练习

练习方法

★ 左推右攻对方反手，对方反手推挡或侧身正手攻。

★ 左推右攻对方正手，对方正手对攻。

★ 左推右攻对方左 1/2 台（或右 1/2 台），对方走动中反手推挡（或正手对攻）。

★ 左推右攻对方左、右两点，对方也交替左推右攻或两面攻本方两点。

★ 全台左推右攻对左推右攻或两面攻。

注意事项

★ 练习中要加快脚步的移动和身体重心的转移，以脚带手，保持正确的击球动作。

★ 要随着技术水平的提高逐步加大击球力量和速度。

△ 推挡侧身攻练习

练习方法

★ 对推中一方侧身进攻对方反手。

★ 对推中双方侧身进攻对方反手。

★ 推挡侧身攻对方反手攻，方法同上。

注意事项

★ 推挡侧身攻，再推挡再侧身攻，要反复多练。

★ 要加快步法，才能以正确动作击球。

搓球练习
Push Practice

★ 固定用慢搓或快搓接下旋球。

★ 单线快、慢搓球结合。

★ 搓转与不转球结合。

★ 搓球变线。

★ 半台变化落点对搓球。

★ 对搓中倒拍搓球。

★ 搓球中长、短结合。

★ 正反手搓球结合。

攻球练习
Attack Practice

★ 正手攻斜线、直线球。初学者可先做对墙击球练习、自抛自攻练习，熟练后强调攻球的落点、力量大小、速度的快慢和弧线的高低等，进行多球练习。

★ 正（反）手斜线、直线球对攻练习。

★ 正手近台、中远台攻球结合练习，对高球用扣杀技术练习。

★ 正手拉斜线、直线练习，配合拉攻相结合的练习。

★ 推挡后，侧身用正手攻直线或斜线练习。

削球练习
Chop Practice

在初步掌握好基本的攻球和推挡球等基本技术和球性基础上，开始学习削球技术。可按下列顺序进行，亦可根据自己的特点有选择地进行练习。

★ 基本的手法和步法徒手练习。

★ 正手或反手削球直线、斜线球练习。

★ 正、反手削球结合练习，要求从有规律到无规律练习。

★ 削转与不转球的专门练习。

★ 削急球、弧圈球的练习。

★ 削球与攻球相结合的练习。

双打练习
Practice with Your Partner

双打组合中，两人的默契和技战术上的配合不是一朝一夕所能做到的，需要一定时间的训练和适应。

具体的训练方法主要有下述几种：

★ 一人对两人的练习。一人击球比两人轮番击球速度快，有利于提高接球方两人的反应速度和步法的灵活、敏捷性。

★ 限制半台区域练习。例如专在右（或左）半台区域内练习双打的走位，然后再换区以相同方法训练。

★ 半台与全台的练习。

★ 一方双打中的一人可连续击打任意板数，另一方按序轮流击球。

★ 多球练习。主要练习走位、二人技术的配合及战术等。具体方法可依不同的目的而定。

★ 针对性训练。根据比赛需要，选择与比赛对手类似的选手或模仿其打法进行训练。

★ 前四板球的练习。双打比赛主要追求前四板球的成功率，稳中求狠求凶。

★ 计分练习。强调计分比赛要有目的，关键分要有配合绝招，赛后要及时总结。

附录
APPENDIX

乒乓球运动员类型
The Characters of Ping–Pong Players

乒乓球运动员一般分为三种类型：进攻型运动员、防守型运动员和中台型运动员。

△ 进攻型运动员

★ **战术目标**：用尽可能少的准备击球进行杀球。

★ **战术主要特征**：

● 发球富有变化，擅长所有进攻性击球方式、推拨技术和回接短球。

● 擅长用最快的速度，在最少的回合，通过杀球得分。

★ **最佳位置**：贴近球台的中央位置。

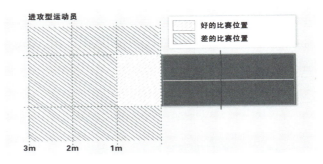

进攻型运动员

好的比赛位置
差的比赛位置

3m　2m　1m

★ **代表人物：刘国梁**

　　刘国梁右手直握球拍，擅长左推右攻结合直拍横打快攻打法，发球好，落点刁，动作凶猛、快速，是中国采取直拍横打技术第一人。

△ **防守型运动员**

★ 战术目标： 通过对方的失误得分，尽量使球长时间处于回合状态。

★ 战术主要特征：

● 原则上以削球发球为主，适用所有防守型击球方式，以削球的变化、杀球和推拨技术作为突袭的击球方式。

● 比赛速度较慢，比赛回合较多。

★ 最佳位置： 离球台的距离为 2 ～ 3 米的中间位置。

★ 代表人物：孔令辉

　　孔令辉擅长以右手横握球拍弧圈结合快攻的打法，球感好，善打多回合，能够在相持中偷袭变线，有极高的战术素养。

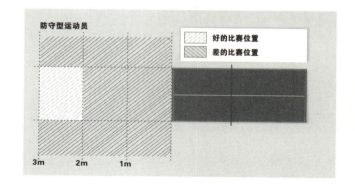

防守型运动员

好的比赛位置
差的比赛位置

3m　　2m　　1m

△ 中台型运动员

★**战术目标：**通过富于变化的击球争取自己得分或者使对手产生失误不能得分。

★**战术主要特征：**

● 发球富于变化，适用所有击球方式。

● 比赛速度易变，比赛回合较多。

★**最佳位置：**距台球的距离为 1～2 米的中间位置。

★**代表人物：**陈玘

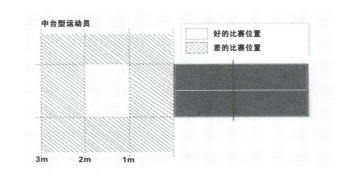

中台型运动员

好的比赛位置

差的比赛位置

3m　2m　1m

陈玘以左手横板两面反胶弧圈球打法为主，球风凶悍，发球非常出色，手腕爆发力强，能以接近的动作发出旋转差异很大的球，中台的连续拉冲质量高，杀伤力大。

图书在版编目（CIP）数据

乒乓球入门与实战技巧 / 中映良品编著. ——成都：
成都时代出版社，2020.4（2021.10重印）
ISBN 978-7-5464-2544-3

Ⅰ.①乒… Ⅱ.①中… Ⅲ.①乒乓球运动—基本知识
Ⅳ.①G846

中国版本图书馆CIP数据核字（2020）第025449号

乒乓球入门与实战技巧
PINGPANGQIU RUMEN YU SHIZHAN JIQIAO
◉中映良品 编著

出 品 人	达 海
责任编辑	李卫平
责任校对	张 巧
装帧设计	◉中映良品　成都九天众和
责任印制	张 露

出版发行	成都时代出版社
电　　话	（028）86742352（编辑部）
	（028）86615250（发行部）
网　　址	www.chengdusd.com
印　　刷	四川华龙印务有限公司
规　　格	787mm×1092mm　1/16
印　　张	10
字　　数	190千
版　　次	2020年4月第1版
印　　次	2021年10月第4次印刷
书　　号	ISBN 978-7-5464-2544-3
定　　价	48.00元